合同会社設立&運営完全ガイド

はじめてでも最短距離で登記・変更ができる!

特定行政書士 横須賀 輝尚　司法書士 佐藤 良基

- ●本書に記載されている情報は平成29年12月時点のものです。
  最新情報は、
  法務局 (http://houmukyoku.moj.go.jp/)
  法務省 (http://www.moj.go.jp/)
  国税庁 (https://www.nta.go.jp/)
  などの関係機関にてご確認ください。

- ●本書は情報の提供のみを目的としています。本書の運用は、お客様ご自身の責任と判断によって行ってください。本書の運用によっていかなる損害が生じても、技術評論社および著者は一切の責任を負いかねます。

- ●本書の内容を超えるご質問や、個別の事業コンサルティングに類するご質問にはお答えすることができません。あらかじめご承知おきください。

まえがき

　合同会社を選択した人は、利発な人が多い。これは、私たち専門家が特に感じることです。

　平成18年の新会社法施行以後、合同会社は新しい法人の選択肢として世の中に生まれました。新しい名称の法人が、どれだけ世の中に受け入れられるか。これは私たち専門家にとっても、ひとつの疑問でしたが、その結果は予想をはるかに超えるものとなりました。合同会社が生まれてから10余年。合同会社はあっという間に認知され、いまでは年間2万社を超える合同会社が設立されています。

　合同会社は、株式会社に比べてさまざまな活用方法があります。大企業による合弁会社から小さな起業、法人格そのものの利用、節税、週末起業まで、もっとも使い勝手のよい法人であるといえます。本書を手にしたあなたも、さまざまな思慮があって合同会社を選択されたことと思います。おそらく、それは正解です。熟慮のうえ合同会社にたどり着いたのであれば、あなたにとってベストな法人なのだと思います。

　本書は、あなたのように合同会社へたどり着いた人のための書籍です。合同会社の基本的な知識から、具体的に登記するまでの手続きを網羅しています。設立に必要な書式のデータをダウンロードすることもできますので、ひな形を集める必要もありません。あなたがはじめて合同会社をつくるのであれば、この1冊で実現可能です。

　本書をつくるにあたり、私たち専門家の知識と経験を駆使し、できるだけ無駄な工程を減らし、可能な限り小予算で設立・登記できるよう腐心しました。

　あとは、本書をもとにあなたがその一歩を踏み出すだけです。

　あなたの思いや考え、理念は合同会社によって実現できるはずです。

　本書がその一助になりましたら幸いです。

平成29年12月吉日

横須賀 輝尚　　佐藤 良基

「合同会社 手続き書式集」の ダウンロード方法

　本書をご購入いただいた方の特典として、「合同会社 手続き書式集」のダウンロードサービスをご用意しました。合同会社はスピーディにつくれる法人形態ですが、法務局をはじめとして各種の行政機関に提出しなければならない書類は、それなりの数があります。「合同会社 手続き書式集」をひな形としてお使いいただき、固有名詞など必要な個所の書き換えを行っていただければ、ミスなく、無駄なく書類を作成できるはずです。

「合同会社 手続き書式集」は 技術評論社のサイトでダウンロードできます

　ブラウザのアドレスバーに、以下のURLを入力してください。合計27の書式をダウンロードできます。

http://gihyo.jp/book/2018/978-4-7741-9538-4/support

ダウンロードにはパスワードが必要です

　アクセスIDとパスワードの入力を求められるので、以下を入力してください。

アクセスID：godoguide
パスワード：m2iazd5x

「合同会社 手続き書式集」は Word 2007以降のバージョンで利用できます

　「合同会社 手続き書式集」は、Microsoft Wordを使って、書式1ページがA4用紙1枚に印刷されるように作成してあります。ファイルの拡張子は「docx」です。この拡張子「docx」のWordファイルを使用するには、Word 2007以降のバージョンが必要です。それ以外のバージョンのWord、およびWord以外の文書作成ソフトでの動作は保証いたしません。

ダウンロードできる「合同会社 手続き書式集」一覧

ファイル名	掲載ページ
第7章	
1名でつくる合同会社の定款	112～114ページ
2名でつくる合同会社の定款	115～117ページ
3名でつくる合同会社の定款	118～120ページ
法人が入る合同会社の定款	121～123ページ
第8章	
払込証明書	132ページ
資本金の額の計上に関する証明書	136ページ
資本金の額の計上に関する証明書（法人が入るタイプ）	137ページ
第9章	
資本金決定書	141ページ
代表社員及び資本金決定書（2名用）	143ページ
就任承諾書（2名でつくる合同会社）	145ページ
代表社員及び資本金決定書（3名でつくる合同会社）	147ページ
代表社員及び資本金決定書（法人が入るタイプ）	149ページ
就任承諾書（法人用）	150ページ
就任承諾書（職務執行者用）	150ページ
職務執行者の選任に関する証明書	151ページ
登記申請書（1名でつくる合同会社）	153ページ
登記申請書（2名もしくは3名でつくる合同会社）	154ページ
登記申請書（法人が入るタイプの合同会社）	155ページ
第11章	
商号変更同意書	225ページ
本店移転同意書（管轄内での移転）	228ページ
本店移転同意書（定款変更・管轄外への移転）	229ページ
社員の同意書（出資分の譲渡）	232ページ
就任承諾書（出資の譲渡を受けた社員用）	233ページ
組織変更計画書	236ページ
組織変更公告官報ひな形	237ページ
社員の同意書（解散用）	240ページ
清算結了承認書	241ページ

CONTENTS

第1章 現代のスモールビジネスの代表的法人格「合同会社」

- 01 増え続ける合同会社はスモールビジネスの代表的な法人となった……14
- 02 "高い"といわれる日本の法人税。今後はどうなるのか？……16
- 03 合同会社の特徴は「人ありき」……18
- 04 もうひとつの特徴は「出資者＝経営者」……20
- 05 合同会社のメリット・デメリット……22
- 06 もっともコストが少なくつくれる法人……24
- 07 株式会社と比べて、手続きが圧倒的に少ない……26
- 08 あの世界的な有名企業も合同会社？……28
- 09 合同会社から株式会社に変更することができ、その数も増えた……30
- 10 合同会社をつくるタイミングと課税の仕組み……32

第2章 なぜ、会社をつくるのか？ 知っておきたい会社設立の基本知識

- 11 従業員ではないのに社員？……36
- 12 無限責任と有限責任……38
- 13 「会社をつくれば節税できる」は本当か……40
- 14 消費税はどのように支払うのか？……42
- 15 会社をつくらないほうがよい場合とは……44
- 16 会社をつくったあとに取り返しがつかなくなるケースとは……46

第3章 合同会社は、こんな場合に向いている

- 17 ひとり起業を行う場合 ……… 50
- 18 最初のコストをできるだけ抑えたい場合 ……… 52
- 19 サラリーマンだけど会社をつくりたい場合 ……… 54
- 20 早く会社をつくりたい場合 ……… 56
- 21 節税対策で会社をつくりたい場合 ……… 58
- 22 法人格がほしいだけの場合 ……… 60

第4章 合同会社とほかの法人、個人事業主との違い

- 23 個人事業主との違い ……… 64
- 24 株式会社との違い ……… 66
- 25 一般社団法人との違い ……… 68
- 26 有限責任事業組合との違い ……… 70

第5章 後悔しない合同会社の設立

- 27 社員が辞める場合には、資本金が減ってしまうことも ……… 74
- 28 親族を入れる場合でも、出資してもらう必要がある ……… 76
- 29 「やはり株式会社にしておけばよかった」は意外と多い ……… 78

CONTENTS

30 「代表取締役」になることはできない……………………80

第6章 会社の基本事項を決めよう

31 合同会社の基本構成を決めよう……………………84
32 代表社員・業務執行社員を決めよう……………………86
33 会社名を決めよう……………………88
34 商号の調査をしよう……………………90
35 事業目的を決めよう……………………92
36 本店所在地を決めよう……………………94
37 事業年度を決めよう……………………96
38 資本金の額を決めよう……………………98
39 機関設計ごとの必要書類を用意しよう……………………100
40 会社の印鑑をつくろう……………………102
41 管轄の法務局を調べよう……………………104

第7章 合同会社の定款をつくろう

42 定款をつくる……………………108
43 定款作成時の注意点……………………110
44 定款を印刷し、押印しよう……………………124
45 定款を製本しよう……………………126

第8章 資本金の証明をつくろう

- 46 資本金を振り込もう ……………………………… 130
- 47 現物出資で資本金を増やそう …………………… 134

第9章 法務局に登記申請をしよう

- 48 合同会社の添付書類をつくろう（社員1名の場合）……… 140
- 49 合同会社の添付書類をつくろう（社員2名の場合）……… 142
- 50 合同会社の添付書類をつくろう（社員3名の場合）……… 146
- 51 合同会社の添付書類をつくろう（法人が社員の場合）…… 148
- 52 設立登記申請書をつくろう ……………………… 152
- 53 登記すべき事項を提出しよう …………………… 156
- 54 印鑑届書を作成しよう …………………………… 162
- 55 登記申請書を製本しよう ………………………… 164
- 56 法務局で登記申請をしよう ……………………… 168

第10章 登記が完了したら設立後の届出をしよう

- 57 登記事項証明書を取得しよう …………………… 172
- 58 会社設立後に必要な手続き ……………………… 178

CONTENTS

59	税務署へ届出をしよう	180
60	都道府県税事務所、市区町村役場に届出をしよう	188
61	労働基準監督署へ届出をしよう	196
62	サラリーマンが会社をつくったときの注意点	202

第11章 運営方法、専門家の使い方、各種機関の利用方法

63	手続きが終わったら	206
64	融資制度について知っておこう	208
65	税金についてこれだけは知っておこう	212
66	頼れる専門家を見つけておこう	214
67	業務執行社員について理解を深めよう	220
68	意思決定と利益の分配方法	222
69	商号を変更する場合	224
70	本店を移転する場合	226
71	社員の変更をする場合	230
72	合同会社から株式会社への定款変更手続き	234
73	合同会社を解散する場合	238

コラム

Column	合同会社は銀行口座をつくれなかった!?	34
Column	かつては資本金がなければ会社をつくれなかった	48
Column	これだけ進化した登記の制度	62
Column	法人にもマイナンバーは付与されている	72
Column	有限会社はどうなる?	82
Column	事業の許認可に注意した会社設立を行うために	106
Column	電子定款と紙でつくる定款の違い	128
Column	資本金の証明は、口座振込だけではない	138
Column	ここまで進化した法務局のインターネットサービス	170
Column	マイナンバーで副業はバレるのか?	204
Column	専門家の賢い選び方	242

付録 合同会社のことを、さらに知るための質問集 ……… 243

索引 ……… 252

第1章

現代のスモールビジネスの代表的法人格「合同会社」

01 増え続ける合同会社はスモールビジネスの代表的な法人となった　14

02 "高い"といわれる日本の法人税。今後はどうなるのか？　16

03 合同会社の特徴は「人ありき」　18

04 もうひとつの特徴は「出資者＝経営者」　20

05 合同会社のメリット・デメリット　22

06 もっともコストが少なくつくれる法人　24

07 株式会社と比べて、手続きが圧倒的に少ない　26

08 あの世界的な有名企業も合同会社？　28

09 合同会社から株式会社に変更することができ、その数も増えた　30

10 合同会社をつくるタイミングと課税の仕組み　32

Column 合同会社は銀行口座をつくれなかった！？　34

01 増え続ける合同会社はスモールビジネスの代表的な法人となった

平成18年5月1日に新会社法が施行されてから10年以上が過ぎました。合同会社は「LLC」とも呼ばれ、いまでは株式会社と並ぶ法人格となっています。施行後の変遷をまずはおさえましょう。

1 合同会社はどれくらい増えたのか

合同会社が誕生した平成18年度からの設立件数の推移は次のとおりとなっています。

設立件数の推移

年度	設立件数
平成18年度	3,392
平成19年度	6,076
平成20年度	5,413
平成21年度	5,771
平成22年度	7,153
平成23年度	9,130
平成24年度	10,889
平成25年度	14,581
平成26年度	19,808
平成27年度	22,223
平成28年度	23,787

近年、合同会社の設立件数は急増しており、年間2万件以上の合同会社が設立されています。平成28年度の場合、この日本では1日に約65社の合同会社が誕生していることになります。設立件数の増加傾向は今後も続くことが予想されます。

2　合同会社も市民権を獲得した

　合同会社が近年急増している理由として、知名度の上昇が挙げられます。会社法が施行された当時、合同会社の存在を知っている人はごくわずかでした。合同会社の新規口座の開設のために銀行へ行っても、担当者が合同会社についてよく知らないために窓口で断られた、というケースも当時よく耳にしました。

　また、名刺に合同会社代表社員という記載があっても、「合同された会社の社員の代表の方なのですね」と間違った認識をされてしまうという、いま考えるとウソのような本当の話もありました。きっと合同会社説明会のようなものを想像されたのでしょう。しかし、10年以上が経った現在、そのような間違った認識をされる話は聞かなくなりました。合同会社が社会に認識され、市民権を獲得した結果です。

3　株式会社と比較した設立手続きの簡便さ

　急増しているもうひとつの理由として、設立手続きの簡便さが挙げられます。株式会社と比較すると、定款に記載する内容も少なくて済みますし、何より公証役場での定款認証が不要という大きなメリットがあります。このため、設立費用もかなり低額に抑えられ、手続きを行う役所も管轄の法務局に限られるため、時間や手間をかけずに短期間で設立することも可能です。

　会社をつくるとはいえ、社長個人の技術やノウハウに頼る個人事業主の延長線上のいわゆるスモールビジネスを経営する方が、合同会社を選択する理由はここにあります。つまり、株式会社であることに信用を置くのではなく、社長個人に信用を置く法人形態としては合同会社がうってつけなのです。

- ☑ 合同会社は、もう例外的な会社ではない
- ☑ 株式会社よりも簡単に手続きができる

02 "高い"といわれる日本の法人税。今後はどうなるのか?

現在の政府は、将来的に法人税を減税していく方針を打ち出しています。その反面、個人に課税される所得税については増税の傾向です。これから、本格的に「国民総法人時代」が来るのかもしれません。

1 個人事業主と法人の違い

まず、簡単に個人事業主と法人の税金の違いについて確認しておきましょう。

個人事業主でも法人でも、売上から経費を差し引いた利益に対して課税されるという点では変わりはありません。しかし、個人事業主と法人では、課税される税率や、税金の種類に違いが出てきます。

個人に課せられる所得税は「累進課税」といい、所得が上がれば上がるほど税率も高くなる制度です。

一方、法人税に関しては、ほぼ一律といってもいいほどの、一定の税率が保たれています。このことが、ある金額以上の所得が見込めるようになれば、会社をつくったほうがよいといわれる理由です。また、個人事業税は、業種によって税率も変わりますので注意が必要です。

個人事業主の税金と法人の税金の比較

	個人事業主	法人
国税	所得税	法人税
地方税	住民税・事業税	住民税・事業税

2 減税の法人税、増税の所得税

政府は平成26年に、法人税の実効税率を引き下げる旨の方針を発表しています。法人税の税率が下がれば、ますます今後は法人化の波

がやってくるでしょう。逆に個人の所得に課税される所得税については増税の傾向です。最高税率も40％から45％に引き上げられました。また、相続税についても増税になりました。将来的なことを考えると、資産も個人よりも法人で所有する時代が当たり前になるのかもしれません。

法人税の税率

区分	税率	
普通法人	23.4％（平成28年4月1日から） 23.2％（平成30年4月1日から）	
中小法人	年800万円以下	19％（15％*）（平成28年4月1日から） 19％（平成30年4月1日から）
	年800万円超え	23.4％（平成28年4月1日から） 23.2％（平成30年4月1日から）

＊括弧内の税率は平成31年3月31日までの間に開始する事業年度について適用

所得税の税率

課税所得金額	税率	控除額
195万円以下	5％	0円
195万円超330万円以下	10％	97,500円
330万円超695万円以下	20％	427,500円
695万円超900万円以下	23％	636,000円
900万円超1,800万円以下	33％	1,536,000円
1,800万円超4,000万円以下	40％	2,796,000円
4,000万円超	45％	4,796,000円

- ☑ 個人と法人では、税金の取り扱いが異なる
- ☑ 法人をうまく活用して節税しよう

03 合同会社の特徴は「人ありき」

合同会社の特徴のひとつに、「人を中心とした会社」ということがあります。これまでの会社が「物を中心とした会社」といわれてきたことと大きく違うところです。具体的に見ていきましょう。

1 「資金（資本金）ありき」のビジネススタイル

　従来の会社は、出資した資金を元手にして、ビジネスを展開するスタイルが中心でした。

　自ら出資したり、仲間や知り合い、またはビジネスパートナーなどから出資を得たりして、その資金を元手に商品を仕入れて販売したり、高価な機材などを購入してビジネスをはじめたりと、いずれにしても最初から一定の資金を費やして経営をするスタイルです。

　そして出資した会社に利益が出たら、出資額に応じた配当を出資者がもらえるというのが一般的な会社の仕組みになります。

　この仕組みを採用しているのが株式会社です。購入した株式分だけ（株式として出資した分だけ）、会社が儲かったらその利益を分けてもらえるというものです。

　なぜこのようなスタイルが一般的だったかというと、あらかじめ資材や機材を購入したり、仕入れが必要だったりするビジネスが多かったからです。そのため会社の設立当初から資金の調達が必要でした。そこで「株式会社」のシステムを利用して資金を調達したのです。ですから、株式会社では出資と経営が分かれているのです。

2 「人ありき」のビジネススタイル

　ところが、最近はコンサルティングやインターネット事業など、最初に大きな資本を投資しなくてもできるビジネスが増えています。これらのビジネスでは最初に多額の資金調達が不要で、個人の営業力

やノウハウがあればビジネスが成立します。

このような場合に適している組織が「合同会社」です。合同会社は、個人のノウハウやアイデアが会社の財産や経営資源になるのです。これが人を中心とした会社だといわれるゆえんです。

したがって、合同会社は大きな資本を必要とせず、人の能力だけで完結できるビジネスに向いているのが大きな特徴です。

3 株式会社と同じ「法人」

アメリカの合同会社は「構成員課税（パススルー課税）」といって、合同会社の構成員それぞれの所得に課税する方法と、株式会社のように法人として課税する方法のどちらかを選択することができます。

これに対して日本の合同会社は法人として課税され、アメリカのようにどちらかを選択することはできません。

つまり、日本では株式会社などと同じ「法人」扱いになります。法人とは、法律によって権利能力を与えられた団体のことを指します。法人は通常の人と同じく、ビジネスにおいて契約などの行為が可能です。

なお、「有限責任事業組合（LLP）」については日本でも「構成員課税（パススルー課税）」が認められていますが、LLPはあくまでも組合であり、法人格はありません。

合同会社と有限責任事業組合の比較

	合同会社	有限責任事業組合
法人格	あり	なし
課税方法	法人税	構成員課税
人数	最低ひとり	最低ふたり以上
組織変更	株式会社変更可	株式会社変更不可

- ☑ 合同会社は、「人」が中心のビジネススタイル
- ☑ 合同会社は、世間的にも法律的にも「法人」となる

04 もうひとつの特徴は「出資者=経営者」

合同会社の大きな特徴に、「出資と経営が一致する」という原則があります。「出資した人=経営者」になり、合同会社では「社員」と呼びます。株式会社とは大きく異なる点ですので、確認していきましょう。

1 株式会社の持ち主は「株主」

合同会社のもうひとつの大きな特徴が、出資と経営が原則として一致するということです。「出資した人=経営者」となり、「社員」と呼ばれます。

株式会社の場合、出資する人と経営者が分かれているので、仮に会社の代表者であっても、会社に1円も出資しておらず、会社の持ち主でないことがあります。

規模の小さな株式会社の場合では、株主と役員が同一人物であることが多いので、出資者と経営者が混同されがちですが、基本的に株式会社の持ち主は株主になります。

大企業をイメージするとわかりやすいのですが、毎年、多くの株主が株主総会に集まり、さまざまな意見を言い合います。株式会社の場合、会社に出資する株主が会社の持ち主です。その株主から経営を任された人が役員、つまり経営者になっていて、出資と経営が明確に分かれているのです。

2 合同会社の持ち主は「出資者=経営者」が基本

合同会社では、原則として出資者と経営者が明確に分かれることはありません。合同会社の経営者はその合同会社の持ち主でもあるのです。こうした対外的わかりやすさというのも、合同会社のひとつの特徴です。

いままでも、出資と経営が一致する会社として、「合名会社」や「合

資会社」などがありました。しかしこの2つの会社は「無限責任社員」といって、原則として会社の負債や損害をすべて負うことになります。体外的なわかりやすさはありますが、債務や経営上のトラブルといった万が一のことを考えると、個人で会社の全責任を負うのはリスクが非常に高くなります。

一方、合同会社も出資と経営は一致していますが、出資した分だけの責任を負えばよいという「有限責任」になっているのが特徴です。

3 「社員」主導の経営

合同会社では、機関設計や意思決定が自由で簡単であるという点も特徴のひとつです。基本的にすべての意思決定は社員全員の一致で行うことが可能です。

また、利益の配分なども、社員全員の意思決定で決めることができます。さらに出資した金額の多寡に関係なく、つまり出資比率に関係なく利益を分けることができるのも大きな特徴だといえます。

株式会社が株主総会や取締役会を設置して意思決定をしたり、出資した株数に応じて発言力や配当が変わるのと対照的です。

合同会社と株式会社との比較

	合同会社	株式会社
設立費用	安 い	高 い
決算公告・役員任期	な し	あ り
定款の自由度	高 い	低 い
法人業務執行	可 能	不 可
利益分配	原則自由	配 当
議決権	自 由	出資比率

- ☑ 合同会社の持ち主は、出資者であり経営者となる
- ☑ 合同会社の出資者(経営者)は、法律上「社員」と呼ばれる

05 合同会社のメリット・デメリット

合同会社の仕組みを理解したら、合同会社の特徴を整理して、合同会社のメリット、デメリットを確認しましょう。特にひとりではじめて合同会社をつくる場合には、その長所と短所をきちんと把握しておくことが重要になります。

1　メリット❶　「法人」という信用度

株式会社と同じく、合同会社は法人です。一般的に法人には「信用」があるといわれますが、ここでいう信用とは、ビジネス面での「取引信用」と「融資面」での信用の2つがあるということです。

まず、個人事業主よりも法人のほうが、信用度が高いといわれます。たとえばコンペティションやプレゼンテーションで個人事業主と法人の2つが候補に残ったならば、内容に差がなければ法人を採用することは十分にありえます。商品の仕入先や仕事の発注先を検討したときに、商品の質や価格に大差がなければ、やはり法人が選ばれる確率は高いです。

また、融資でも法人であることを理由に融資を受けることが可能になったり、最終的に借りられる金額が個人よりも多いことがあります。

2　メリット❷　有限責任

合同会社では、出資と経営が一致しているのにもかかわらず、有限責任になります。ただし、この有限責任というのは、出資した分の責任を負えばよいという意味での有限責任です。個人的に請け負った保証人としての負債などは返す義務がありますので、注意が必要です。

3　メリット❸　自由な機関設計と運営

合同会社は、1名からはじめられる組織形態ですから、わざわざ取締役会などの機関をつくる必要はありませんし、経営の意思決定も社

員全員の一致で決められます。利益の配分も自由なので、その柔軟性も大きなメリットといえるでしょう。さらに将来的に株式会社に変更することも可能です。

また、法人としての節税メリットを受けられます。後述する日本版「LLP（有限責任事業組合）」は、組合員1人ひとりに課税される構成員課税となっています。その一方で合同会社は、法人課税がデメリットといわれることもあります。しかし、法人として積極的に利益を増やしていくならば、株式会社のように法人課税であることはメリットになるでしょう。

4 デメリット

日本ではまだまだ比較的新しい会社制度なので、合同会社という組織形態が認知されるまで、もう少し時間がかかるでしょう。そのために知名度や信用度という点では、株式会社に比べると少しだけ不安があるかもしれません。

しかし、設立にかかる費用も労力も株式会社より少なくて済みます。そこで、合同会社を設立する際に資本金の額を多めにすることや、質の高いビジネスを行うことなどでカバーできます。

ただし、一度設立してしまえば、経営が滞ったとしても均等割等の税金がかかってきます。その場合は、休眠や解散などの手続きを取る必要があり、そのため一度つくってしまうとさまざまな手続きを行うことになります。ですから、いくら合同会社が手軽につくれるとはいえ、株式会社と変わらない法人です。設立する場合は、個人事業主のままでいるか、それとも合同会社を設立するか、慎重に検討したうえで判断したいところです。

☑ 比較的費用を抑えながら法人のメリットを手に入れられる
☑ 知名度が低いというデメリットは、ほとんど解消されている

06 もっともコストが少なくつくれる法人

合同会社はもっともコストが少なくつくることができる法人です。新たに会社をつくりたいと考えても、設立費用の高さがネックになって躊躇する方も多いのではないでしょうか。合同会社の設立にかかる費用について、株式会社やほかの法人と比較しながら見ていきましょう。

1 合同会社の基本的設立費用

合同会社の設立費用ですが、必ずかかる費用として登録免許税の6万円があります。また、定款を紙で作成した場合には、印紙税として4万円の収入印紙を貼付する必要があります。電子定款の場合には、4万円の印紙税は不要です。設立に必要な費用は基本的にはこれだけですが、合同会社の代表者印を用意する必要がありますので印鑑代もかかることになります。

専門家に依頼する場合には、これに報酬が加わります。現在は専門家に支払う報酬も自由価格になりましたので、依頼する際は見積もりをお願いするとよいでしょう。税理士との顧問契約を条件に設立費用を低額もしくは無料で行う事務所も存在するようですが、一般的な相場は数万円前後の事務所が多いようです。専門家に依頼する場合、前述の電子定款に対応していることがほとんどですので、印紙税の4万円を節約することが可能になります。いずれにしても、依頼を検討する際はトラブル防止のためにも見積もりをお願いすることをおすすめします。

2 設立費用の比較

設立費用比較表

	合同会社	株式会社	一般社団法人
定款認証費用	認証不要	約52,000円	約52,000円
登録免許税	60,000円	150,000円	60,000円

株式会社の場合、登録免許税は最低でも15万円です。そのほかに、公証役場にて定款を認証してもらう必要があり、その費用は約52,000円です。定款を認証する場合でも、紙で定款を作成した場合には印紙税の4万円が必要です。つまり、株式会社を自分でつくろうとした場合、24万円を超える実費が必要になります。

　また、最近増えてきた一般社団法人の場合、登録免許税は合同会社と同じ6万円ですが、株式会社同様、公証役場にて定款認証が必要になります。しかし、一般社団法人には4万円の印紙税について課税対象とはされていませんので、収入印紙代は0円です。

　有限責任事業組合（LLP）については、登録免許税が6万円で、定款の認証などは必要ありませんので、費用について合同会社と同様になります。

　合同会社はほかの法人と設立費用だけを比較しても、なるべく低額で法人化という目的を達成するための一番の近道ということがわかります。あとで株式会社に変更する場合、定款の認証が不要であることを考えるとはじめの一歩にふさわしい法人の形態ではないでしょうか。

3　見落としがちな費用

　合同会社をつくるのにかかる費用は設立費用だけではありません。法務局に行く交通費や郵送費もかかります。新しく名刺やウェブサイトもつくるでしょう。手続きの費用ばかりを気にしていると、こういった準備資金をおろそかにしてしまいがちです。

　法人化の際は、こういった準備資金も視野に入れながら計画を立てる必要があります。ちなみに、設立登記をする前の日付の領収書でも、開業準備費用として法人の経費になるものが多いので、領収書は捨てずにしっかりと保管しておきましょう。

- ☑ 合同会社は、自分でつくれば最安で6万円で登記できる
- ☑ 法人設立費用だけではなく、そのほかの諸費用にも注意

07 株式会社と比べて、手続きが圧倒的に少ない

合同会社は、株式会社と比べると費用がかからないだけではなく、手続きの行程が圧倒的に少なくなっています。合同会社の手続きの流れについて見ていきましょう。

1 合同会社の設立手続きの流れ

合同会社を設立するにあたり、まずはいつまでに設立するか目標を決めましょう。何月何日に設立するという期限を定めることにより、それまでにやらなければいけないことなどが明確になります。期限を定めないと「忙しいから……」といつまでも準備を続けることにもなりかねません。期限を定めることにより、より法人化する実感が湧いてくるでしょう。

設立手続きの流れですが、まずは会社名と事業目的、資本金について決めていきましょう。会社名が決まれば、印鑑の準備も合わせて行います。事業目的によっては、設立後の許認可の準備も視野に入れましょう。資本金を決めたら、次に定款を作成します。

定款の内容が決まれば、あとは設立登記申請に向けての準備に進みます。資本金を払い込み、登記申請に必要な書類の準備が整ったらよいよ設立日に登記申請です。

登記が完了したら、登記簿謄本（登記事項証明書）や印鑑カード、印鑑登録証明書など、設立後の手続きに必要な通数を取得しましょう。

登記が完了してもまだまだやることはあります。金融機関での法人用口座の開設や、税務署への届出など、事業のスタートへ向けて着々と進めていきましょう。

合同会社の設立手続きの流れ

1. 定款に載せる基本事項の決定
2. 登記申請書類の作成および法人印、必要書類の取得
3. 資本金の払い込み
4. 登記申請書の作成、各種書類への押印
5. 法務局にて登記申請
6. 設立後の各種手続き
7. 法人口座の開設

- ☑ 合同会社の手続きは、株式会社と比べてとても簡単
- ☑ 設立準備から登記申請の流れをおさえておこう

08 あの世界的な有名企業も合同会社?

合同会社といえば、以前は知名度が低いということで、まだまだ社会的な認知が不足しているということはお伝えしました。しかし、誰でも知っているあの有名企業も実は合同会社だったのです。

1 世界的大企業も、合同会社を選択している事実

起業家にも多く支持されているiPhoneやMacBookを販売しているAppleも、日本においては合同会社です（Apple Japan合同会社）。

最近では、あのAmazonが株式会社から合同会社に組織変更しました（アマゾンジャパン合同会社）。

アメリカなど海外ではLLC、日本でいうところの合同会社を採用している会社が数多く存在します。親会社がアメリカの法人で、子会社が日本の合同会社の場合、アメリカの税法上、親会社にはパススルー課税が認められていることもその要因のひとつです。

親会社が子会社を合同会社にする傾向は、今後も増加するでしょう。税法上のメリットがなかったとしても、合同会社の手続きの簡便さと費用の低廉さはやはり魅力的です。合同会社の認知度が上がれば上がるほど、利用者も更に増えることが予想されます。

2 合同会社を選択した日本でも有名な企業

AppleやAmazonのほかにも合同会社を採用した有名企業はたくさんあります。スーパーの「西友」もいち早く合同会社を採用しています。朝食に食べるシリアルで有名な「日本ケロッグ」、女性用の化粧品で有名な「P＆Gプレステージ」も合同会社です。また、有名企業や上場企業が子会社として合同会社を設立する例も増えています。以前は、資金不足を理由に合同会社にする例が一般的だったため、合同会社と聞くと「お金がない人がつくった会社」というレッテルを貼られ

てしまうこともありましたが、現状を知るとそれはもう時代遅れの判断といわざるを得ません。国際化された社会が当然となった現在、法人の形態としては株式会社をしのぐといっても過言ではありません。

日本の主な合同会社

会社名	事業概要
Apple Japan 合同会社	Appleの日本法人
合同会社西友	大手スーパーマーケット
アマゾンジャパン合同会社	Amazonの日本法人
乃木坂46合同会社	マネジメント会社
ワーナーブラザースジャパン合同会社	映画配信
フジテレビラボLLC合同会社	動画配信
P&Gプレステージ合同会社	化粧品

3 合同会社について疑問を持たれたら

　合同会社の知名度が低いというデメリットは、ほとんど解消されたと別項で解説しましたが、それでもまだ合同会社について、本当に大丈夫なのかと疑念を持つ人も少なくありません。

　そこで、もし商談や人脈交流の場などで、そのような疑念を人から感じたときは、Apple Japanや西友、アマゾンジャパンの例をさり気なく出すとよいでしょう。多くの場合、「なぜ、合同会社にしたのですか」と聞かれるわけですが、「AppleやAmazonのように、大きく合同会社で成功したいと思いまして」と返せば、合同会社に対する心配も軽減されるのではないでしょうか。

☑ 世界では合同会社は一般的な法人形態
☑ 日本でも、有名な企業が合同会社を採用している

09 合同会社から株式会社に変更することができ、その数も増えた

知名度が以前より上がってきた合同会社ではありますが、方針を変え、株式会社にする必要が出ることがあります。その場合でも、「合同会社の事業を廃止して、株式会社を新たにつくる」という手続きは必要ないのです。

1 株式会社に変更する理由

費用の安さから合同会社を選択しても、あとで株式会社に変更したいと考える方は少なくありません。理由は以下のとおりです。

❑新しく役員を入れたい

合同会社の場合、社員に入れたい場合は出資する必要があります。そのため、役員になるとはいっても資本金を入れてもらう必要があるため、少しハードルが高くなります。一方、株式会社の場合は出資しなくても役員になることが可能です。将来的に、親族以外などから役員を迎え入れたいという可能性がある場合は、はじめから株式会社をつくることも視野に入れるとよいでしょう。

❑合同会社、代表社員の認知度

制度ができて10年が経ったとはいえ、株式会社に比べるとまだまだ合同会社の認知度は一般的には低いといわざるを得ません。「代表社員？　合同？」と名刺を渡した相手から質問を受けるということもしばしばあります。ある程度、会社としての利益も上がり、経営も順調になってくると株式会社への変更を検討する方も多いです。設立した際は、費用を抑えるために合同会社にしたけど、いまは経営も順調だし株式会社にしようか、という会社もあるようです。

2 まずは合同会社からはじめるという考え方

合同会社からはじめてよいのか迷った方もいると思いますが、安心してください。あとからでも株式会社への変更は可能です。もちろん変更手続きは必要になりますが、あとからいつでも変更することができるので、どちらにしようか迷って設立するタイミングを逃してしまうよりも、1日でも早く会社を立ち上げて事業を開始するほうが有益ではないでしょうか。一方で、あとから株式会社に変えるのは不安という方もいると思います。変更費用、変更手続きなど、また大変なのでは？　と。もちろん費用や手続きは必要になります。しかし、合同会社から株式会社へ変更したいということはある程度、事業が軌道に乗ってきたからではないでしょうか。売上も伸び、本業が忙しいということであれば専門家に依頼するのもひとつの方法です。また、実費だけでいえば、はじめから株式会社をつくるのと、合同会社を設立してから株式会社に変更するのでは大差がありません。理由は、株式会社の設立時には必要な定款認証が組織変更の場合は不要だからです。登録免許税として6万円はかかりますが、株式会社設立時の登録免許税が15万円であることを考えるとむしろ安上がりです（組織変更には公告費用が別途必要になります）。

　また、合同会社から株式会社へと変更することで、法人口座の名義や名刺などの印刷物の変更が必要になります。株式会社へ変更することを視野に入れている方は、合同会社のときから印刷物などは計画的に作成することをおすすめします。逆にメリットとしては、合同会社から株式会社へ組織変更したことを案内することにより、右肩上がりであることを印象付ける効果があります。株式会社に対する一般的な印象を利用することで自社の印象をよくする効果が期待できるので、合同会社から株式会社へ変更する際は、この機会を逃さずに利用するのがよいでしょう。

- ☑ 将来的に規模拡大を狙うなら株式会社からはじめてもよい
- ☑ まずは手軽に合同会社をつくるという例も非常に増えている

10 合同会社をつくるタイミングと課税の仕組み

新会社法によって、簡単に合同会社を設立できるようになりました。一刻も早く合同会社をつくってビジネスをはじめたいという気持ちもわかりますが、無駄な設立に終わらないためにも、「なぜ合同会社を設立するのか?」という理由を明確にしておくことが必要です。

1 ビジネスが伸び、節税の必要が出た場合

個人ではじめたビジネスが大きくなった場合です。一般的には売上が1,000万円を超えて、利益が400万円を超えたときといわれていますが、あくまでも一般論です。実際には業種などによって変わりますので、節税を目的として合同会社を設立する場合には、税理士などの専門家に相談してください。

法人を設立することによって、個人事業主ではできなかった「自分に給料を支払い、経費にする」ということができますので、大きな節税効果があります。多くの場合、最初の法人化はこの理由で考える人が多いようです。

2 法人が必須の場合

ビジネスの中には営業許可が必要な業種があり、その許可要件に「法人であること」と決められている場合です。これは設立手続きに入る前に調査しておかなければなりません。

ただし、株式会社の場合は他社の前例があるので、その前例に照らし合わせれば、自分で判断しても間違いは少ないものです。ところが、合同会社の場合は前例がなく、株式会社と同様に対応できるかどうかは、それぞれの法律によって異なる可能性があります。

これからはじめようと思っている業種に営業許可が必要な場合は、許可要件のかかわる官公署に必ず事前に確認しましょう。

3　共同でビジネスを行う場合

　出資する人、営業をする人、ノウハウや技術を提供する人などと、各役割が決まっている場合に合同会社は適しています。特に大きな資本を必要としない人を中心とした会社であればなおさらです。

　そのような人たちが集まって共同でビジネスを立ち上げるのであれば、個人個人でまとまりなくやるよりも、合同会社という法人の単位にしたほうが、対外的にわかりやすいといえます。

4　取引先に求められた場合

　ビジネスを行ううえで取引先に法人であることを求められることがあります。会社によっては、取引先は法人のみと規定されていることもあります。この場合、株式会社ではなく合同会社でいいのかどうか、という確認も相手企業にする必要があるでしょう。

　そのほか、展示会出展条件に法人格が求められるような場合もあり、その場合でも手軽につくれる合同会社は最適であるといえます。

5　合同会社の課税について

　合同会社の課税については株式会社の課税とまったく同じです。アメリカの合同会社（LLC）ではパススルー課税といって、法人の利益に課税するのではなく、社員の所得に対して課税する、という有利な課税制度が採用されているようですが、日本では現在パススルー課税は認められていません。なお、親会社がアメリカの法人で日本の子会社が合同会社の場合にはアメリカの税法上、親会社にはパススルー課税が認められています。日本に存在する合同会社で、アメリカの資本により設立された合同会社が多いのはこのことが一番の理由です。

- ☑ なぜ法人化するのか、目的を明確にしてから設立しよう
- ☑ 海外と違い、合同会社はパススルー課税にならない点に注意

Column

合同会社は
銀行口座をつくれなかった！？

　合同会社は、平成18年の会社法の施行によって新設された新しい法人の形態です。

　当時、まだ制度ができたばかりのころは前例がないので私たち専門家も手探りの状態で会社設立の手続きを行っていました。

　この「前例がない」という理由で手続きを拒否された事例は少なくありません。その代表的な例が銀行口座の開設です。銀行は、そのビジネスの仕組み上リスクを負うことを非常に嫌います。

　つまり、前例がないことを行うことはリスクを負うことにあたるのです。

　当時、合同会社という制度が新設されたとき、会社をつくったはいいのだけれど、銀行が口座を開設してくれないというケースは数多くありました。

　登記簿謄本が存在するとはいえ、これまでの株式会社や有限会社のように多額の資本金という信用がなく、聞いたことがない新しい会社に対して二の足を踏む金融機関は少なくなかったのです。

　銀行窓口の担当者に理解していただくため、設立手続きをした専門家同席による説明のもと、やっと開設してもらったというケースもありました。

　合同会社が設立できるようになってから約10年が経ち、現在では金融機関にも合同会社の存在が認知され、合同会社だからという理由で口座開設を拒否されたという話は聞かなくなりました。

　国が決めた制度といえども、社会に認知されるまでにはやはりそれなりの時間がかかるということを実感した事例です。

第2章
なぜ、会社をつくるのか？知っておきたい会社設立の基本知識

11 従業員ではないのに社員？　36

12 無限責任と有限責任　38

13 「会社をつくれば節税できる」は本当か　40

14 消費税はどのように支払うのか？　42

15 会社をつくらないほうがよい場合とは　44

16 会社をつくったあとに取り返しがつかなくなるケースとは　46

Column かつては資本金がなければ会社をつくれなかった　48

11 従業員ではないのに社員?

合同会社の場合、出資者を「社員」と呼びます。一般的に社員といえば企業に雇用されている従業員のことを指しますが、従業員のことではありません。株式会社の株主との違いを比較しながら合同会社の社員について見ていきましょう。

1 合同会社の社員とは

社員といえば一般的には会社の「従業員」のことを指しますが、合同会社の場合は、いわゆる「経営者」のことを指します。

株式会社の場合、出資者は「株主」と呼ばれ、経営にあたるのは役員である「取締役」になります。会社法では株式会社の場合に「所有と経営の分離」といわれ、法律の建前としては出資者と役員は分離しているのが原則です。

ところが、合同会社の場合は出資者も経営にあたるのも「社員」です。つまり、合同会社の場合は「所有と経営が分離しない」状態になります。合同会社の社員は、社員というネーミングから勘違いされやすいのですが、立派な経営者ということになります。

2 株主との違い

それでは、合同会社の社員と株式会社の株主は何が違うのでしょう。「会社に対して出資する人」という意味では社員も株主も一緒です。しかし、社員は経営者ですが、株主は経営者とは限りません。もちろん「株主＝役員」という株式会社は多いですが、必ずしも株主が経営に参画することを会社法は求めていません。上場企業をイメージしていただければわかりやすいかと思います。株を購入した1人ひとりが経営に口を出していたら上場企業は機能不全に陥ってしまい、会社の経営どころではなくなってしまうでしょう。

3 有限会社の社員との違い

　有限会社の出資者も以前は「社員」という名称でした。平成18年に会社法が施行されるとともに、「従前の有限会社については株式会社とみなす」という規定が新設されたため、有限会社の社員についても「株主」と名称が変更されることになりました。従前の有限会社は、株式会社として存続することが認められています。ただし、使用できる商号はあくまで「有限会社」です。

合同会社の社員と株式会社の株主の比較

	社　員	株　主
経営権	あり	なし
出資	あり	あり
出資と経営の分離	不可	可能

4 口頭での間違いに注意

　このように、「社員」といっても、一般的な意味と法律的な意味では内容がまったく異なります。そのため、合同会社を運営する場合には、法律上は社員であっても、「代表」等、相手にとってわかりやすい表現にすることが重要です。

　取引先が合同会社であれば、口頭でのやりとりは間違いになりやすいので、相手が代表者なのか、単なる従業員なのかを、きちんと確かめる必要があります。相手が「社員」だとしても、「ということは会社の持ち主であり、経営者なのだな」と思い込むのは危険です。営業相手が社長だと思っていたら一従業員だった、ということにならないように十分に気をつけましょう。

- ☑ 合同会社の出資者と経営者は同じ人物となる
- ☑ 出資者は法律上「社員」と呼ばれるが、従業員ではない

12 無限責任と有限責任

会社の責任を、個人である社員も責任を負うかどうかの違いが無限責任と有限責任になります。合同会社の社員は有限責任です。無限責任と比較して、なぜ有限責任である合同会社がよいのか、無限責任の代表である合名会社・合資会社と比較しながら見ていきましょう。

1 合名会社と合資会社

　合名会社は無限責任社員のみで構成された法人形態です。出資の範囲で責任を負えばよい有限責任と違い、会社の負債を返すことができなくなったときは、社員個人がその負債を返す必要があります。無限に責任を負う、ということで個人事業主の延長線上に扱われることが多いのが特徴です。法人格はありますが、設立に要する費用や手間を考えると合名会社を選択するメリットは現在の制度のもとでは低いといわざるを得ません。

　合資会社はその無限責任社員に、有限責任社員を組み合わせた法人形態です。つまり、設立するのに最低でもふたりを要することになります。合名会社同様、現在の制度のもとでは設立するメリットはあまりないでしょう。合名会社、合資会社ともに現在はほとんど設立されていません。なお、合名会社、合資会社は合同会社に組織変更をすることが可能です。

2 有限責任のメリット

　合同会社は株式会社と同じ有限責任が認められています。無限責任の場合、個人事業主同様、事業用だろうが個人用だろうが責任の線引きがなく、無限に責任を負います。事業用として銀行から借り入れをした場合でも、当然個人の責任で借金を返済していかなければなりません。

　一方の有限責任ですが、会社と個人の責任が分離されます。会社と

して銀行から借り入れをした場合、会社の資産から返済ができなくなったとしても、社長個人が返済の義務を負うことはありません。

出資者の責任は、出資した限度で負えばいい、つまり責任が無限ではなく、有限ということになります。

しかし、金融機関が会社に融資を実行する場合、社長個人を保証人とすることが融資の条件となっていることがほとんどです。これは、有限責任であることは金融機関も当然知っているため、万が一返済が滞ったとき、社長個人に「借金を立て替えてくれ」といえなくなるからです。

金融機関としては返済されることが当然に融資を実行する条件となりますから、実質的に無限責任となるよう社長個人を連帯保証人として契約することになります。昨今、この金融機関の取り扱いが、会社が融資を躊躇する要因のひとつとなっているため、経済停滞の原因につながっているのではないかといわれています。いずれにしても、社長個人が保証人にならない限りで有限責任が認められています。

3 LLP（有限責任事業組合）の有限責任との違い

LLP（有限責任事業組合）の出資者を「組合員」と呼びます。法人格が認められていない「組合」のため、"社"員とは呼びません。「有限責任事業組合」という名称のとおり、組合員には有限責任が認められています。一部例外もありますが、合同会社の有限責任社員と同じく、出資の金額を限度として責任を負うことになります。

合同会社は知名度が上がり、一般的になりましたが、同時期に近い法律の施行によってできたこのLLPは、合同会社ほど一般的にはなっていないようです。

- ☑ 合同会社は有限責任なので、原則として個人は責任を負わない
- ☑ 現実的には「会社＝社長」となることが多いので注意

13 「会社をつくれば節税できる」は本当か

なぜ、個人事業主は利益が増えてきたら法人化を検討するのか？ということと、やはり個人事業主のままでいるよりも節税ができるからではないでしょうか。本節では、なぜ法人化すると節税ができるのか？ について見ていきます。

1　給与所得控除

　個人事業主の場合、売上から経費を引いた残りが利益になりますので、納税を考慮しなければ、その利益について自由に使うことができます。しかし、法人の場合は役員報酬という扱いになります。これは株式会社の取締役でも、合同会社の社員でも同じです。毎月の報酬額を一年に一度決めなければならず、一度決めた報酬額は原則として変えることはできません。個人事業主のように、売上から経費を引いた残りを自由に使うことはできないのが法人の特徴です。ただし、それでは法人にするメリットがありません。そこで節税のために利用される制度が、役員報酬などの給与所得に対して一定の控除が認められている「給与所得控除」になります。この給与所得控除を上手に利用することで法人での節税が可能になります。

給与所得控除額の早見表（平成29年分）

給与等の収入金額	給与所得控除額の計算式
180万円超〜　360万円以下	収入金額×30％＋ 18万円
360万円超〜　660万円以下	収入金額×20％＋ 54万円
660万円超〜1,000万円以下	収入金額×10％＋120万円
1,000万円超	220万円（上限）

2 所得税と法人税

　個人事業主に課税される税金は所得税です。所得には不動産所得や給与所得など所得の種類がありますが、主に個人事業主の場合は事業所得になるでしょう。所得税は、所得が多いほど税率が高くなる「超過累進税率」が適用されます。また、個人事業主の場合、個人事業税が課税されます。所得から年間290万円を控除した金額に、3～5％の税率が課税されます。個人事業主に課せられる税金として忘れられがちですが、所得の金額によっては小さくない税金になります。さらに、サラリーマンのときと同様に一律10％の個人住民税が課税されます。

　法人化すると課税される税金は法人税になります。売上から経費を引いた利益に税率をかける点では所得税と同じです。しかし、法人税は税率が一律同じです。現行の税率は約23％、中小企業で年800万円以下の所得については19％となっており、この税率は年々引き下げられる傾向になっています。ある程度、所得が大きくなってくると法人化を検討する理由が、この税率が一律というところにあります。

　税率が一律なので、どれくらいの利益が出ればどれくらいの法人税になるか、納税の計画が立てやすいのも法人の特徴です。ただし、法人化すると最低でも年間約7万円の法人住民税が課税されます。

　個人事業主のままだと累進課税によって利益を残せば残すほど税額が増えてしまうのですが、法人にすれば自分自身への給与等、利益を圧縮することで、結果として残るお金を増やすことができます。タイミングとしては、利益が出てから法人をつくっても、個人でつくった売上はやはり個人として申告しなければならないので、ある程度の利益が見込める予測が立った時点で法人化を検討するのがベストです。

- ☑ 法人になれば、自分に給料を支払うことで節税できる
- ☑ 個人で1,000万円の売上が見込めたら、法人化しよう

14 消費税はどのように支払うのか?

商品を買うときに代金と一緒に支払う消費税ですが、経営する側になると消費税を預かる立場にもなります。消費税は経営において非常に重要な税金です。場合によっては資金繰りにも重大な影響を与えることにもなります。消費税について見ていきましょう。

1 課税事業者と免税事業者

消費税は、基準期間の売上が1,000万円を超えると納める義務が発生します（課税事業者）。基準期間は2期前の年度となりますので、事業開始後最初の2期は消費税が免除されます（免税事業者）。ただし、資本金が1,000万円以上の場合は、初年度から課税事業者となるので注意が必要です。

消費税の標準期間の考え方

個人事業主として2期、法人化して2期、と上手に事業計画を立てることによって約4期分の消費税を納めずに済む方法も不可能ではありません。いずれにしても、自分がいつ消費税を納める義務が発生するのかは把握しておく必要があるでしょう。

2 未納にはくれぐれも注意を

消費税で一番注意すべきは未納です。消費税は会社が一度預かり、まとめて納税する制度です。つまり、そのまま運転資金として使いがちになってしまいます。そうなると、いざ納税の期限が迫ってきたときに「納税資金がない」ということになってしまいます。

税金の未納は会社の信用を失う行為です。融資や取引に影響が出ますので未納は何としても避けたいところです。

消費税分については運転資金とは別に管理することが望ましいでしょう。

3 消費税の今後

法人税は減税傾向にありますが、所得税や消費税など個人が納税する税金の増税傾向は今後も続くでしょう。

2019年10月には消費税率が10％に引き上げられます。それより先、10％以上に引き上げられる可能性もゼロではないでしょう。

税金以外でも社会保険料などは引き上げられています。納税は国民の義務ですが、それは法人でも同じです。自信を持って納税できるように安定的で堅固なビジネスを築いていきましょう。

- ☑ 法人設立から2期は、消費税が免除される
- ☑ 消費税の未納に注意。困ったら分納しよう

15 会社をつくらないほうがよい場合とは

合同会社が簡単につくれるからといって、誰でもつくっていいかというとそんなことはありません。やはり、会社をつくるということはお金もかかりますし、個人事業主に比べて手続きも格段に増えます。法人化を後悔しないよう、会社をつくる前から知っておくことが重要です。

1 売上が少ない

「法人にしたほうが、信用が高いからはじめから会社にしよう！」と意気揚々と脱サラして個人事業主ではなく、いきなりはじめから法人化する方は少なくありません。前向きでポジティブな気持ちはわかります。しかし、会社をつくるにはもちろん設立費用がかかりますし、毎年かかる費用もあります。やはり、ある程度の売上が見込める状態でないと会社の存在自体が金食い虫になってしまい、いったん会社を畳んで個人事業主からやり直しということになりかねません。

売上がある程度見込める状態になるまでは、個人事業主として実績と経験を積むことをおすすめします。法人化するのに現在はそこまで時間を要しないことについては前述のとおりです。

2 手続きが面倒ですべて後回し

法人化すると会社がやるべきことは格段に増えます。個人事業主になるときは開業届1枚だけでよかったのに会社設立となるとそうはいきません。

設立のときだけではありません。毎年行う個人の確定申告と法人の決算申告では手続きの煩雑さに相当な差があります。法人化すれば社会保険の手続きもあります。「個人事業主のときはやることがそんなになかったから自分ひとりでもできていたけど、法人化したらやることが多すぎて本業に集中できない……」なんてことになったら本末転倒です。

法律で定められている手続きを怠ると過料という名のペナルティが

課せられたり、法人として受けられるメリットが受けられなかったりといいことがまったくありません。たかが手続き、されど手続き。「手続きは面倒だけど、費用を節約するために専門家に依頼せずに自分でやるようにしている」といった方は要注意です。

3 期間限定の短期的ビジネスの場合

売上がたくさん入れば必ず法人化するほうがいいか、というとそんなことはありません。今年の売上が思いのほか大きくなり、法人化を検討したとしても、来年以降の売上のメドが立っていない場合はまだ個人事業主のままのほうがいいかもしれません。法人は継続して経営する必要があります。税理士顧問、法人住民税など毎年かかる費用や税金は少なくありません。短期的な売上の場合は注意が必要です。

4 共同経営者に全幅の信用を置いていない

合同会社は共同でビジネスを行う法人形態としてもすぐれています。法人がそれぞれ出資を出し合って新会社を設立する合弁会社がその例になります。

しかし、足並みがそろっていないと機能不全に陥ることがあります。合同会社の場合、社員全員の決議で重要事項を決定することがほとんどです。社員全員の考え方や意見がそろわないと、何も決定することができなくなり会社として存続することが厳しくなってきます。売上の見込みはあるのに、社員の足並みがそろわないため、会社を解散させ、それぞれ独立する例は少なくありません。

やはり、共同で経営する場合はお互いの信頼関係が重要になります。全幅の信頼を置けない場合は、まだ共同で会社を経営するタイミングではないのかもしれません。

☑ 法人設立そのものが目的にならないように注意
☑ 法人をつくらないほうがよい場合についても、おさえておこう

16 会社をつくったあとに取り返しがつかなくなるケースとは

勢いで会社をつくっても、当初思っていたようにはうまくいかず、つくった会社はそのままに別の会社に就職したり、別の仕事をはじめたり、という事態になることは少なくありません。放置すると取り返しがつかなくなるケースもありますので具体的に見ていきましょう。

1 手続きをまったくしない

会社をつくったあとに行う、必要な手続きはたくさんあります。

その代表的なものに税務署に対して届け出る「設立届」と「青色申告の承認申請書」というものがあります。それぞれ「設立届」は設立日から2カ月、「青色申告の承認申請書」は3カ月という期限が定められています。

「青色申告の承認申請書」によって認められる青色申告は、白色申告と比較するとたくさんのメリットがあります。その代表的なものが「赤字を10年間繰り越すことができる」というもの。特に設立初年度は売上がなかなか上がらず経費ばかり使って赤字になってしまう、という会社も少なくありません。そんなときに、「青色申告の承認申請書」を提出していないと、翌期に赤字を繰り越すことができません。これは非常に大きいです。

ですから、必要な手続きは必ず行いましょう。たった1日でも期限が過ぎると役所で受け付けてもらえない手続きも存在します。

2 やるべきことをやらない

会社設立後の代表的な手続きはやはり法人税の決算申告です。毎年決算を迎えたあとに申告を行います。専門性が高いので一般的には税理士に依頼する会社が多いですが、どうしても費用を節約するために自社で行いたいという会社は少なくありません。

その場合、本業があるためにどうしても手続きは後手後手になりま

す。そうすると、申告の期限があるのに過ぎてしまい……、気付いたときにはとんでもないペナルティが課せられるなんてことも。期限後の申告や無申告のペナルティは相当なものがあります。最悪の場合、倒産することもあります。

人間も定期的に健康診断や人間ドックに行かないと手遅れになってしまうことがありますが、法律が定めた人たる法人にも同様のことがいえます。手遅れになっては何もできません。そのために人間でいうお医者さんのような専門家が存在します。最大限、有効に活用しましょう。

届出をしないと厳しいペナルティがある場合も

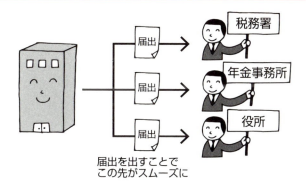

届出を出すことで
この先がスムーズに

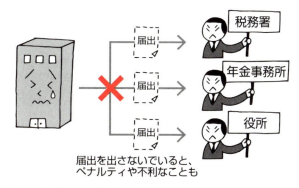

届出を出さないでいると、
ペナルティや不利なことも

- ☑ 設立後にも、たくさんの手続きがあることを知っておこう
- ☑ 会社設立は、ゴールではなくスタートと認識しよう

Column

かつては資本金がなければ
会社をつくれなかった

　現在では、資本金が1円でも会社をつくれるようにはなりました。しかし、以前は「最低資本金制度」というものがありました。株式会社は1,000万円、有限会社は300万円という金額です。

　これは債権者を保護するための観点から、会社を名乗るからには最低でもこれくらいは資本金がなければいけないだろう、ということで設けられた制度でした。

　ですが、新しく会社をつくって起業したいという気持ちとは裏腹に、この資本金の規制というハードルが思いのほか高すぎたのです。1,000万円を超す資本金の株式会社をつくることがほとんどなくなった現在、株式会社をつくるために1,000万円を用意しなくてはいけない、というのがどれほど簡単なことではないかは容易に想像がつきます。

　この規制が平成18年の会社法の施行により完全に廃止されました。

　その後10年以上が経ち、どれほどの株式会社や合同会社が増えたでしょうか。学生起業や主婦起業、副業のために会社をつくるということが珍しくなくなったのも、この規制の撤廃のおかげであることはいうまでもありません。

　資本金の規制がある役所の許認可が必要な事業でない限り、資本金が少額の会社設立は今後も増加していくことでしょう。また、1社にとどまらず、ひとりで2社、3社と事業ごとに会社をつくることも珍しくない時代になるかもしれません。

第3章
合同会社は、こんな場合に向いている

17 ひとり起業を行う場合　50

18 最初のコストをできるだけ抑えたい場合　52

19 サラリーマンだけど会社をつくりたい場合　54

20 早く会社をつくりたい場合　56

21 節税対策で会社をつくりたい場合　58

22 法人格がほしいだけの場合　60

Column　これだけ進化した登記の制度　62

17 ひとり起業を行う場合

合同会社は法的な義務や規制も少なく、非常に使い勝手がよく、小回りが利く形態です。たとえるならば、軽自動車。スポーツカーやファミリーカーだけではなく、軽自動車にもニーズはあります。合同会社はまさに一定のニーズを満たす軽自動車のような存在なのです。

1 はじめの一歩に最適

合同会社は、株式会社に比べると手続きが簡単で、費用が低額で済みますので、会社をつくって起業するには極めてハードルが低い方法になります。

最初は個人事業主からはじめる方も多いと思いますが、信用面や取引先からの要望で会社をつくることを検討する人は少なくありません。

ただし、「株式会社を設立しようにも費用が高額だし、雇用の予定もなくひとり親方で経営することには変わりがない」「会社をつくっても社長個人の信用で仕事が獲得できている」という方は、合同会社からはじめてみてはいかがでしょうか。あとから株式会社に変更することもできますので、どちらか悩む前に「エイヤ！」と合同会社からはじめることもひとつの選択肢です。

2 身動きが取りやすい

合同会社は、会社として身動きが取りやすいのも特徴のひとつです。

株式会社だと株主と役員がひとりでも株主総会が必要になりますし、場合によっては取締役会や監査役というものが必要になります。

株主と役員が違う場合には、それぞれの意思決定が必要になり、書類も手続きも煩わしくなります。

合同会社の場合は、出資する社員と業務執行を行う社員がイコールになるため、社員がひとりの場合は、実質自由に決められるようになります。定款の内容も株式会社に比べると質も量も少なくて済みます

のであまり変更することがなく、コストもかかりません。会社といえど、個人事業並みに小回りが利くのが合同会社のいいところです。

3 ひとり合同会社に不安はない？

それでは、ひとりで合同会社をつくることに不安はないのでしょうか。たとえば、唯一の社員である代表社員が万が一亡くなってしまったり、認知症などで経営するのに必要な意思能力がもしなくなってしまったらどうすればいいのか。唯一の社員ですから、そうなれば合同会社が機能不全に陥ることになってしまいます。

ひとり合同会社の場合、常にこういったことが起こりうることを想定して予防措置を講じた定款を作成し、低額の出資でもほかに社員を加入させておくなどの対策が必要になります。これらのリスクは合同会社だけの話ではなく、ひとり株式会社の場合でも同様です。しかし、合同会社のほうが、定款内容に関する自由度が高いため、予防措置を講じやすいといえるでしょう。

そのほか、繰り返しになる部分はありますが、「法人をつくりたいが、できるだけ費用を抑えたい場合」「単に法人格だけが必要な場合」「個人事業主から法人化して、単に節税効果を求める場合」など。全般的にいえば、拡大志向でない会社経営の場合には、合同会社の設立が向いているといえるでしょう。

もし、あなたが最終的に株式上場を目指したり、あるいは上場目的でなくとも会社を拡大していきたいという目標がある場合には、最初から株式会社を設立することも検討するべきです。合同会社から株式会社への組織変更はのちのち可能ですが、その際も手続きや費用は発生しますので注意が必要です。

☑ ひとりで起業する場合に、もっとも最適な会社が「合同会社」
☑ 社員がゼロにならないような対策を講じることが必要

18 最初のコストをできるだけ抑えたい場合

ほかの法人と比べて格段に低額で済むのが合同会社の一番のメリット。特に節税のために会社をつくりたい人にとって設立費用は非常に重要です。節税目的なのに、多額の税金が必要となっては本末転倒です。合同会社にかかる費用について見ていきましょう。

1 合同会社の設立費用はやはり安い

合同会社は最低でも6万円あればつくることができます。

株式会社の約20万円、一般社団法人の約11万円と比べてもその金額の違いは歴然としています。仮に専門家に手続きを依頼したとしても、設立の手続き自体が簡略化されているため、報酬も抑えられていることが多いのが特徴です。

自分で設立しても、専門家に依頼しても、ほかの法人設立手続きとは比べられないくらい安価に済むのは合同会社の一番のメリットといえるでしょう。24ページに掲載した表を再掲します。

設立費用比較表

	合同会社	株式会社	一般社団法人
定款認証費用	認証不要	約52,000円	約52,000円
登録免許税	60,000円	150,000円	60,000円

2 株式会社に比べて設立後の費用も安い

設立費用だけが比べられがちな株式会社と合同会社ですが、設立後の費用もやはり株式会社に比べるとかかりません。株式会社の場合、毎年決算公告をする義務が課せられています。「官報」に決算を掲載するとなると毎年数万円の公告費用がかかります。実は、株式会社でも決算の公告を行っていない会社がほとんどです。しかし、やらないこ

とによる罰則の規定は存在します。現在、罰則を受けたという話はあまり聞きませんが、今後の方針としてどうなるかはわかりません。「来年から、決算公告をしていない会社からはきっちり過料を徴収します」となれば、決算公告がいらない合同会社に注目が集まることは間違いないでしょう。

また、株式会社の役員には「任期」があります。最長でも10年ですが、期限はあります。任期が到来したときには役員に変更がなくても登記が必要です。当然、登記を忘れてしまうと過料がかかります。

一方、合同会社の役員である社員に任期はありません。社員に変更がない限り登記は必要ありません。この違いが設立後は大きいでしょう。

合同会社の運営後、やはり「株式会社のほうがよかった」と思う方も少なくないのですが、実費だけを比べれば、はじめから株式会社を設立するのと、合同会社を設立してから株式会社に変更するのでは、実は大差がありません。あとから株式会社に変更する際には公証役場による定款認証が不要なためです。合同会社か株式会社か迷っている人も、あとで株式会社に変更することは可能ということを覚えておいて損はありません。

3　設立費用の陰に

合同会社の設立費用が株式会社と比べて安上がりだといっても、会社をつくるという点では変わりがありません。各種の什器購入や備品購入はもとより、オフィスを借りれば家賃の負担も発生します。

合同会社を選択し、最初の費用が抑えられたからといって、ほかに無駄な経費が出てしまっては本末転倒です。合同会社を選択し、初期費用を抑えようとしているわけですから、当初の目的達成のために、財布の紐を引き締めて行動することが重要だといえるでしょう。

☑ 費用を抑えてつくるなら、やはり合同会社が最適
☑ 初期費用は設立費用だけではない。ほかの経費にも目を配ろう

19 サラリーマンだけど会社をつくりたい場合

最近は設立費用も低額で済むため、会社に勤めながら投資や副業で稼ぐために会社をつくる人が増えています。「信用を得たい」というわけではないが、「節税したい」というニーズにピッタリなのが合同会社です。サラリーマンの事例について見ていきましょう。

1 合同会社をつくって副業したい

「会社の給料だけではやっていけない……」「本業とは別に副業で好きなことをやっていきたい」ということで現在副業のニーズが高まっています。しかし、副業に付き物なのが「会社にバレたらどうしよう」という悩み。個人事業主として事業所得が増えると住民税の金額で会社にバレてしまうことが多いようです。

そんなときに、合同会社をつくるという選択肢が出てきます。自分自身が社員になると、登記簿謄本を取ってみたら名前が載っているため会社にバレるリスクが出てきます。そういった方がよく利用するのが妻や夫、親など親しい親族に社員になってもらい合同会社をつくる方法です。自分は合同会社に利益をもたらす営業マンといったところでしょうか。名前は表に出ないのでバレる心配はありません。しかし、会社の利益は家族の利益になります。新しい法人組織のカタチではないでしょうか。

2 合同会社をつくって不動産投資をしたい

副業の場合と事例は似ていますが、サラリーマンの方でも不動産投資をはじめる方が増えてきました。サラリーマンの場合、個人事業主に比べると安定した給料がもらえるためにローンが借りやすいといえます。不動産投資のマニュアルや専門家が全国的に増えてきたことも、はじめる方が増えた要因のひとつです。不動産投資の収益が見込めるようになると、やはり節税のために合同会社をつくり、上手に資産管

理を行います。「個人は増税、法人は減税」という傾向に照らし合わせてみると、不動産所有も個人より法人という選択肢にならざるを得ません。今後、ますます法人が身近になる社会になっていくでしょう。

3　本当に会社にバレないの？

そうはいっても会社にバレないかどうかはサラリーマンにとって重要な問題であり、副業禁止規定を設けている会社は大会社を筆頭にまだまだ多いのが現状です。登記簿謄本を取得すると業務執行社員以上は登記されるので、代表社員には妻や夫などの親族を登記して、自分は登記されない有限責任社員か、従業員として事業を行うのが慎重な方法です。また個人の住民税の支払いも会社が行う方法ではなく、自分で行う「普通徴収」の方法にするのが無難です。

しかし、100％会社にバレない方法はありません。万が一バレてしまい、転職や退職を余儀なくされたとしても、それまでに合同会社を利用した副業収入を安定させておき、副業から本業に移行できる準備を整えておく、というのが結局は一番の方法ではないでしょうか。

4　マイナンバーでバレやすくなったのか

2016年から配布のはじまったマイナンバー制度ですが、これによって一時期は副業が会社にバレやすくなるのではないかという疑問が話題になりました。

しかしながら、会社にバレるリスクというのは、マイナンバーがない時代にもあったことで、上記の特別徴収の仕組みとなんら変わりはなく、基本的には露呈リスクというものが伴います。ですから、副業で会社をつくる場合には、配偶者や家族を代表にするなど、あなた自身が経営しているように見えない対策を練っておくことが必要になります。

- ☑ 合同会社は、サラリーマンの副業にも向いている
- ☑ 合同会社であれば、会社にバレずに副業を行うこともできる

20 早く会社をつくりたい場合

「1日でも早く会社をつくりたい」というニーズは少なくありません。取引先からの要望や、法人であることが条件の取引、法人化後の売上入金予定などの理由で法人化を急がなければいけないこともしばしばあります。では、合同会社設立にかかる期間を見ていきましょう。

1 合同会社をつくるのにどれくらいかかる?

合同会社はほかの法人と比較しても断然早くつくることができる法人です。「決定事項が少ない」「必要書類が少ない」「定款認証が不要」と早くつくるために必要な条件がそろっています。

「会社をつくる！」と決意してから一週間以内につくることも不可能ではありません。

「鉄は熱いうちに打て」といいますが、情熱が冷めないうちに行動に移しやすい法人の代表格です。

手続きに要する期間の目安

法人の種類	期間の目安
合同会社	約1～2週間
株式会社	約3～4週間
一般社団法人	約3～4週間

2 ゴールから逆算して準備を進めよう

「急いで会社をつくりたい！」というときに注意すべきは、「いつまでに、何を用意すればいいのか」です。

会社が成立するのは登記申請日です。

しかし、登記申請日に登記簿謄本が取得できるわけではありません。管轄の法務局や時期にもよりますが、一週間程度はかかります。

銀行口座はどうでしょうか。

入金予定があるので早く会社をつくりたいという場合、口座ができるまでには実はかなりの時間がかかります。口座を開設するのに登記簿謄本が必要だからです。金融機関によっては税務署に提出した設立届の控えを要求してきます。

そうなると、会社の成立日である登記申請日から2週間ほどかかることを覚悟する必要があるのです。

ですから、早く会社をつくりたい場合、ゴールから逆算して準備を進めていかないと途中で手遅れになってしまうことがあります。

最短、どれくらいで設立できるのか

コンサルのアドバイス

自分で合同会社をつくる場合、必要書類の収集や、資本金の払い込み、定款の作成や登記申請書類の作成など、やることが多岐にわたるため、やはりそれなりの時間がかかってしまいます。

そこで、本当に1日でも早く会社をつくりたいと思ったときは、専門家を利用するのが一番でしょう。

専門家によっては"たった1日"での設立を可能にします。資本金の準備と、定款に記載する予定の内容が固まっていれば、1日での設立も難しくはないでしょう。本当に急ぐときでもあきらめずに専門家に事情を伝えて連絡してみましょう。「善は急げ」です。

☑ 専門家に依頼すれば、数日でも設立はできる
☑ 自分でつくる場合には1カ月程度はかかるとみておこう

21 節税対策で会社をつくりたい場合

個人の名前で仕事が取れる人は、信用に影響がないのでわざわざ会社にしなくてもいいと考える人は多いです。しかし、ある程度売上が伸びてくると法人のほうが、税金は安くなります。どういったときに節税対策になるのかを見ていきましょう。

1 売上がいくらになれば、節税効果になるのか

一般的には所得（売上－経費）が400万円を超えたくらいから法人化すると節税になるといわれています。

ただし、個人事業主でどれくらい売上が伸びれば法人化するのがよいのかは業種や従業員数によっても変わってきます。いつ法人化するのがよいのか、信頼のできる税理士などの専門家に相談するのが一番ですが、法人化すれば信用が増すので早めに法人化するのもひとつの方法です。

2 長期的なスパンで判断しよう

会社はつくって終わりではなく、継続していかなければいけません。つまり、売上も一時的なものではなく、継続的に上げ続けなければいけません。一時的に売上が伸びたからといって法人化すると、経費ばかりがかかってしまい、個人事業主に戻ってしまうということも少なくありません。一度会社をつくると決めたら、長期的な展望を持って経営にあたりましょう。

個人と法人の税金比較

	国税	地方税
個人	所得税　消費税	住民税　個人事業税
法人	法人税　消費税	法人住民税　法人事業税

3　投資用に会社をつくる

　経営することだけが法人化の目的ではありません。合同会社を利用する人の多くは節税目的です。昨今、給与だけでは生活が不安定であるという危機感からか、投資に挑戦するサラリーマンが増えています。そんな中でも不動産投資や株式投資、仮想通貨による投資のために合同会社を利用する例が増えています。

　これは投資により収入が増えると個人で管理するよりも、法人を設立して管理をしたほうが節税になるからです。投資を考えている方にも合同会社はおすすめの法人形態になります。

4　税理士には早めに相談を

　投資目的で設立するわけですから、当然税理士にも早めに相談したほうがよいでしょう。起業であれば、税理士への依頼、相談は設立1期が終わった段階でも間に合うことがありますが、節税を目的とした場合は、あとから対策を講じるのが難しくなりがちです。さかのぼって何か施策を行うこともできなくはないですが、やはり現時点でできる最善策を講じていくのがベストです。そのため、ある程度費用がかかったとしても、早めに税理士に相談し、節税対策をはじめることがよい選択といえます。

　また、税理士であれば誰でもよいわけでもなく、とりわけ提案を積極的にしてくれる節税専門のような税理士を探すことも重要です。税理士なら誰でも節税対策が得意というわけではありませんので、そのあたりの妥協はしないほうが最終的にはトクになるでしょう。

　見極めのポイントは、税理士にかかる費用よりも、お金を残せるか。これを基準に税理士を根気よく探すことが肝要です。

> ☑ 利益400万円以上が、法人にして節税ができる目安となる
> ☑ 投資目的で合同会社をつくる人も増えている

22 法人格がほしいだけの場合

自分の事業を法人にする気がないとしても、法人にならざるを得ない場合もビジネス上は存在します。いったいどのようなケースで法人格が必要になってくるのでしょうか。

1 取引先に求められる場合

　個人事業主として仕事を受注していても、ある日突然取引先から「当社の方針として法人としか取引しないことになりました」といわれることも少なくありません。資本金の規制がなくなり、大きい金額が手元になくても法人化ができる時代、取引先として個人事業主よりも信用が高い法人としか取引しない、というのはやむを得ないのかもしれません。実際に建設業や卸売業など大会社と取引が発生する業種では、このような事情から法人化する例は増えてきています。取引先に比較的大きい会社がある場合や、1社からの売上に依存している場合などは、いつ法人化を求められてもいいように準備をしておく必要があるでしょう。

2 展示会や出展の条件に法人格がある場合

　最近は大きい展示場や多目的スペースなどでたくさんの会社が一同に集まってイベントを開催することが増えてきました。しかし、誰でも出展できるというわけではなく、法人であることが条件としてある場合や、法人であったとしてもある程度の実績がないと出展できないなど、法人であることを前提にしたイベントも少なくありません。それほど「法人である」ということが特別ではなくなったということでしょう。また、ほかの出展者がほとんど法人なのに、自分だけが個人事業主ということになるとはじめからハンディキャップを背負っているといって過言ではありません。「うちの商品は品質がいいから大丈夫」

と考えているのは売り手のみで、買い手が見ているのは「法人かどうか」などいわゆる売り手の"見た目"であることは少なくありません。

3 その他特殊なケース

　特殊な法人化の一例ですが、個人の方で全国各地を飛び回って講演講師として活躍している方が増えてきました。本人は特に「事業を行っている」という認識ではなかったようですが、「講師料を振込にてお支払いしたいのですが、個人宛の口座ではちょっと……」と主催者からいわれることが多いので、法人化したいという事例がありました。

　これも、講演やセミナーの講師にも法人であることが求められている時代の流れといえるでしょう。講師業は、売上としての講師料や、旅費交通費、接待交際費など、法人化に向いている業種といえます。講師をしている方の法人化は今後増えていくでしょう。

4 メンタル的な意味合いでも会社をつくる

　これまで数多くの起業家の会社設立をお手伝いしてきましたが、中には売上の見込みがなく、個人事業主でも問題がない状況でも、会社をつくりたいという希望があり、登記することがありました。そして、会社をつくることによって決意が固まり、飛躍的に意欲を高め、短期間で大成功した人もいます。なかなか踏ん切りがつかない場合に、まず法人をつくって、自分を追い込む。そのための設立と考えるケースもあるわけです。最初は不安であっても、会社名や事業目的を考えるのは、やはり起業家にとって楽しいものです。もちろん、無計画で無謀な起業をおすすめしませんが、「準備はできた。でも、勇気が……」という場合には、法人設立を機に決意を固めるという考え方もありなのかもしれません。

> ☑ 法人化が必要となるケースを知っておこう
> ☑ 世の中には「法人格」を条件にしたビジネスも多い

3 合同会社は、こんな場合に向いている

Column

これだけ進化した登記の制度

　登記の制度はここ10年の間でかなり進化をし、使いやすいものになりました。

　以前は登記申請書も法務局の窓口まで必ず持参しないといけませんでした。特定の日に会社を設立したいと思ったら、法務局に持参する必要があるため、万が一、台風や地震などの災害により、公共の交通機関がストップしてしまうと申請すらままなりませんでした。

　現在はオンライン申請が可能になり、インターネットがつながっていれば自宅や事務所からでも登記申請が可能になっています。

　また、登記簿謄本についても、以前は紙で保存していたため、管轄の法務局のみでしか謄本の発行ができなかったのですが、現在はすべてコンピュータによって管理されているため、全国どこの法務局でも発行が可能になりました。

　これらの進化は、登記業務に従事する司法書士や専門家だけではなく、一般的に利用する国民にとっても使いやすい制度になったといってよいでしょう。

　「起業して会社をつくる」という目的がないと法人登記に触れる機会は少ないのですが、ここまで使いやすくなったことで、起業しやすい環境は整ってきています。

　今後もますます登記制度が使いやすくなっていくので、起業を志す人が増えていくのではないでしょうか。

第4章
合同会社とほかの法人、個人事業主との違い

23 個人事業主との違い　64

24 株式会社との違い　66

25 一般社団法人との違い　68

26 有限責任事業組合との違い　70

Column 法人にもマイナンバーは付与されている　72

23 個人事業主との違い

事業をはじめるにあたり、一番基本的な形態が個人事業主です。個人事業主は制限なくはじめられます。しかし、起業家のほとんどが「ゆくゆくは法人で……」と考えるのには理由があります。まずは誰もが通る道である個人事業主との比較から見ていきましょう。

1 そもそも個人事業主とは？

　個人事業主とは、その名のとおり個人で事業を行う人のことをいいます。以前は自営業と呼ばれることが多かったですが、最近は業種によってはフリーランスと呼ばれることも増えてきました。不特定多数のフリーランスに業務を委託するという新しい形態のクラウドソーシングサービスの発展もあり、個人事業主になる人が徐々に増えています。個人事業主にとってはこのような環境も整いつつあり、会社の給料には頼らず、自力で稼ぐという人が今後も増える傾向にあるでしょう。

　それでは個人事業主になるためには、会社をつくるときのような難しい手続きが必要になるのでしょうか。個人事業主の場合、法人と比べ難しい手続きは必要ありません。管轄の税務署と住所を有する地方自治体に「個人事業の開業届出書」という書類を提出するだけで個人事業主になることができます。場合によって別途必要な書類もありますが、基本的に必要な手続きはこれだけです。屋号も「個人事業の開業届出書」に記載することにより名乗ることができます。税務署に提出する必要がある理由は、個人事業主の場合は毎年確定申告が必要になるからです。税務署が個人事業主の存在を事前に把握しておかないと、急に確定申告書が届いても判断できません。この確定申告をもとに個人事業主の税金を決定します。

2 個人事業主のメリット・デメリット

　個人事業主のメリットは何といっても手続きが簡単なことです。開業届の提出のみで事業を開始できるというのは法人に比べると一目瞭然の簡便さです。またクラウド会計ソフトが充実してきたため、税理士に頼まなくても自分で経理や確定申告をすることが難しくなくなりました。このクラウド会計ソフトのおかげで、経理に対する苦手意識から独立起業を躊躇していた方々が続々と起業を実現しています。

　一方、個人事業主のデメリットは、やはり信用が低いことです。開業届のみで屋号を名乗れるため、実績や経験などが見えにくいです。また、個人事業主というだけで「あまり儲かっていない」という印象を持たれることがあります。法人を経営している人は、個人事業主を経験して法人化しているため、「まだまだヒヨッコ」と見る人が少なくありません。ですから売上がそこまで見込めなくても、この信用をカバーしたいがために法人化する人は非常に多いです。個人事業主で売上を拡大する場合には、信用の低さをカバーする質の高いサービス・商品が不可欠になります。

3 所得が増えても、個人事業主のほうがよい場合とは？

　高い税金を払ってでも法人化せずに個人事業主のまま、という方は一定数います。法人化すると登記をする必要があり、個人の住所などが公になるリスクがあるからです。また、会社にすると会社の資産を好き勝手に使うことはできなくなります。個人事業主の場合は、会社ほど制約がないので、「税金はちゃんと納めるから縛られずに好き勝手使いたい」という人に向いています。有名人などはあえて個人事業主を選択する人も多いようです。

- ☑ 個人事業主は、もっとも手軽なビジネス形態
- ☑ 信用を得るために法人化へのステップアップを考えよう

24 株式会社との違い

株式会社と合同会社、迷う人も多いと思います。以前は会社をつくるといえばほとんどが株式会社でしたが、いまでは5社に1社は合同会社が設立されている計算です。シェアが伸びているのは合同会社なのです。ここでは株式会社との比較を見ていきましょう。

1 株式会社とは？

　株式会社は「所有」と「経営」が分離された法人の形態です。

　所有というのは「株式を所有する」、いわゆる株主のこと。経営は「役員」、つまり取締役のことです。株式会社の場合、株主と役員を兼ねる必要がありません。上場企業をイメージしていただければわかると思いますが、株主が多数存在しています。その株主がそれぞれ経営に口を出したらどうなるでしょうか。決まるものも決まらなくなり企業として機能不全に陥ります。

　そこで株主が選任した取締役に経営については委任しようというのが会社法の趣旨になります。株主総会においては、株主の出資比率に応じて議決権（投票できる権利）が決まるのも特徴です。会社に多くお金を出した人が、会社に対して影響力を持つことになります。株式会社は、所有と経営が分離されていることを想定している法人形態であることを覚えておきましょう。

　合同会社の知名度は、新会社法施行時よりは高まってきたのは事実ですが、やはり「会社」といえば「株式会社」のほうを指すことが多いのは、これまでの歴史の長さを考えれば仕方ありません。合同会社を設立する場合には、そのことも頭の隅に入れておいたほうがよいのかもしれません。

2 株式会社と合同会社の決定的な違い

　合同会社に比べると、株式会社は設立費用が多くかかる以外にも何か

と制約が多い法人形態です。まず登記事項が多いため、変更があるたびに変更登記が必要になります。役員にも任期があるため、任期が到来するたびに、実際の役員に変更がなくても登記をする必要があります。

また、株式会社には決算の公告義務があります。毎年、「定時株主総会の承認後、遅滞なく貸借対照表またはその要旨を公告しなければならない」と定められていて、罰則の規定も存在します。現在のところ、公告をしなかったからといってすぐに罰則を受けたという話はあまり耳にしませんが、規定が存在する以上、今後の運用はわかりません。

もし、罰則を厳しく適用することになれば、決算の公告義務がない合同会社が改めて注目されることは想像にかたくないでしょう。

3　無理してでも最初から株式会社がよい場合とは？

会社として上場を目指す場合には、合同会社ではなく株式会社にするほうがよいでしょう。現在の法制度のもとでは、合同会社のまま上場することを認めていません。

また、設立当初からある程度の人数を雇用する場合や、能力や評判が高いスタッフや外部役員を招聘する場合なども、信用面を考慮して株式会社のほうがよいかもしれません。合同会社の場合は、社員になるためには出資が必要なので、いわゆる社外役員を選任するためにははじめから株式会社にする必要があります。

また、取引先から「当社は株式会社としか取引しないから法人化してくれ」といわれるケースでは、有無をいわさず株式会社ではじめることが求められます。法人化を考えたときに、手続きに要する予算や事業計画などを考慮すると、はじめから株式会社でなくてもよいケースもあります。しかし、このように、はじめから株式会社であるほうがよい場合や、そうせざるを得ないケースも少なくありません。

- ☑ 合同会社と比べると株式会社は設立手続きが複雑
- ☑ 株式会社には、合同会社にはない決算公告義務がある

25 一般社団法人との違い

新しい法人の形態として一般社団法人があります。一般社団法人は平成20年より、それまでの社団法人に代わり認められた法人の制度です。合同会社と同じく、一般社団法人も昨今設立件数が伸びている法人です。この節では一般社団法人について見ていきましょう。

1 一般社団法人の歴史の変遷

　平成20年より、これまでの社団法人制度から一般社団法人制度に変更されました。それまでの社団法人は、設立するのにも主務官庁の許可が必要だったため、簡単に設立できる法人ではありませんでした。

　一般社団法人は、非営利で行う活動の組織に法人格を与えるものです。町内会やサークルなど非営利で行う活動に法人格を付与するための選択肢はこれまであまり存在しませんでした。「NPO法人を設立するには規制が多すぎる」「社団法人だと許可が必要」「営利的な活動ではないので株式会社をつくるにはハードルが高すぎる」。これらの不満や制約を解消するために誕生したのが「一般社団法人」です。主務官庁の許可が必要だった社団法人について、活動を円滑にするために許可を不要としました。このため、平成20年以降、一般社団法人の設立数は増加の傾向になっています。

2 なぜ、社団法人に注目が集まるようになったのか

　一般社団法人は非営利型の法人形態です。株式会社は営利型の法人であるため利益を追求して経営を継続する必要があります。営利を追求しない公益的な活動を行う場合、株式会社の形態では不都合が生じることがあります。しかし、一般社団法人の場合はそのようなことがありませんので、非常に使い勝手のよい法人形態となります。

　一般社団法人だからといって、営利事業を行ってはいけないということもありません。制約の少なさも注目が集まった理由のひとつで

す。株式会社と比べても登録免許税が安価に済むのも特徴です。一般社団法人の法人税については原則として株式会社と同様なのですが、要件を備えれば非営利事業には課税されなくなる、というのも大きなメリットです。

3　合同会社ではなく、一般社団法人でつくったほうがよい場合とは

　一般社団法人の設立事例として多いのが、協会をつくる場合、民間の資格や認定制度をつくる場合です。協会とは「日本○○協会」など、文化や技能を広く世の中に普及させるために設立される団体のことです。これまでこのような団体に法人格を付与することが困難でした。「○○協会」が昨今急増した背景には、この一般社団法人の存在が欠かせません。民間の資格ビジネスを立ち上げる際にも一般社団法人や一般財団法人が利用されています。一定程度の実務研修を積んだ希望者に資格を付与して、インストラクターとしてサービス利用者のサポートをしてもらおうとするインストラクター（民間資格）制度です。社会性、公益性のある活動であることを客観的に見せる必要があるため、株式会社や合同会社などの営利型法人組織ではなく、非営利型法人組織である一般社団法人が広く利用されています。

4　財団法人とは何が違う？

　一般社団法人と名称が似ているものに、財団法人というものがあります。一般財団法人、公益社団法人、特例財団法人とありますが、基本的に財団法人の設立は、寄附行為を指し、ビジネスシーンでは一般的ではありません。宗教法人や学校法人のように、このような名称と要件の法人があることを知っておけば、十分だといえます。

- ☑ 一般社団法人は非営利の法人形態。設立数は増加傾向にある
- ☑「協会」をつくる場合に最適なのが一般社団法人

26 有限責任事業組合との違い

平成18年の新会社法に先行する形ではじまった有限責任事業組合、通称「LLP」。最近では合同会社の設立数の増加に比べ、あまり耳にする機会がなくなったように感じます。ここでは、あらためて有限責任事業組合と合同会社の比較をしていきます。

1 有限責任事業組合とは？

　有限責任事業組合、通称「LLP（Limited Liability Partnership）」は平成17年8月、経済産業省主導により創設された制度です。企業同士のジョイントベンチャー、専門的な能力が高い人材の共同事業を振興するために、民法上の組合の特例として誕生しました。

　有限責任事業組合には大きな特徴が3つあります。1つ目は、「出資者全員が有限責任であること」。その名のとおり、出資の価額を限度として責任を負います。2つ目は「内部自治の徹底」です。内部自治とは、組合の内部のルールについて、法律によって詳細に決められるのではなく、出資者同士の合意によって決めることができるということです。これにより、自由な組合組織の運営を可能とします。3つ目に一番大きな特徴が「構成員課税」。いわゆる「パススルー課税」です。このパススルー課税が適用されることにより、有限責任事業組合は法人税を支払う必要はなく、各組合員にパススルーされます。組合員に対して直接課税されるので、これにより二重課税が回避されることや、損益通算をすることが可能になるなど、節税としてのメリットも高くなります。

2 決定的に違う、パススルー課税

　有限責任事業組合を利用する最大のメリットがパススルー課税になります。パススルー課税は現在のところ、合同会社には認められていません。それが、一番の大きな違いでしょう。パススルー課税が認め

られることにより、出資者は損益通算をすることが可能になります。

　これは、合同会社の場合、法人として損失が発生しても、社員個人の所得税には影響がありません。しかし、有限責任事業組合の場合、パススルー課税が認められるので損益通算することができます。つまり、組合としての事業の損失を、出資者個人の所得と通算し、出資者個人の所得税を減らすことが可能になります。これらのメリットから、「それなら合同会社よりも有限責任事業組合のほうがいいのでは？」という声も聞こえてきそうですが、有限責任事業組合に法人格はありません。また、有限責任事業組合では必ず存続期間を定める必要があるため、永久に存続するものではありません。加えて、組合という形式なので、構成員は最低ふたり以上必要です。

3　LLPを活用するメリットは？ 合同会社よりLLPがよい場合

　それでは、合同会社よりも有限責任事業組合のほうがよい場合はどのような場合でしょうか。法人として課税されるのではなく、組合員それぞれに課税されるという点がポイントです。有限責任事業組合に向いている事業には、専門家同士の共同事業があります。税理士や弁護士など士業と呼ばれる専門家の場合、法人化が特殊なため、個人事業主として経営している方がほとんどです。しかし、ひとりの専門家ができる範囲には限界もあります。よって、ほかの専門家と業務提携してひとつの案件に取り組むことがあります。パススルー課税の適用があるので個々の会社員の考えにも合致します。いわゆるジョイントベンチャーも有限責任事業組合に向いている事業といえます。

　構成員課税と内部自治、この2つの特徴がやはり合同会社にはないメリットといえるでしょう。

☑ LLPと合同会社の決定的な違いはパススルー課税
☑ 会計は個々人で、ビジネスを共同で行う場合にLLPは最適

Column

法人にもマイナンバーは付与されている

　平成28年（2016年）から本格的にはじまったマイナンバー制度ですが、マイナンバーは実は法人にも付与されます。個人の場合は12桁となりますが、法人番号は13桁となり、個人に与えられるマイナンバーとは取り扱いが異なります。

　個人のマイナンバーは法律で厳重にその秘密が守られています。しかし、法人のマイナンバーは情報が公開されています。会社設立手続き完了後、登記上の住所にマイナンバーが郵送され、「国税庁法人番号公表サイト」で公開しています。

　法人の場合、登記もそうですが会社が存在しているのかなど、営業上の公正さが大きな目的として掲げられ、また行政庁の手続きも簡素化することを目指し、制定されています。

　小さな会社を経営するうえで、マイナンバーが必要になるケースは法人税の申告の際に必要になるほか、銀行での手続きに必要な場合があります。

　個人のマイナンバーとは違い、秘密を保持しなければならないものではないので、取り扱いに気をつけることはありません。

　しかし、海外送金などの場合に、法人マイナンバーを求められることもあるので、把握しておく必要はあります。

　「ワンストップサービスの運用」「データー元化によるコスト削減」など、今後の運用が期待されます。

第5章
後悔しない
合同会社の設立

- **27** 社員が辞める場合には、資本金が減ってしまうことも　74
- **28** 親族を入れる場合でも、出資してもらう必要がある　76
- **29** 「やはり株式会社にしておけばよかった」は意外と多い　78
- **30** 「代表取締役」になることはできない　80
- Column　有限会社はどうなる？　82

27 社員が辞める場合には、資本金が減ってしまうことも

合同会社の場合、社員になるには出資が必要であることはお伝えしました。設立後に、社員が辞めたいといってくる可能性はゼロではありません。では社員が辞める場合、出資した資本金がどうなるのかを見ていきましょう。

1 社員を辞めるときの法的構成

はじめに株式会社の場合ですが、役員を辞める方法はいくつかあります。株主としての地位とは別なので役員のみを辞任しようと思えば定員（2名以上など）を割らない限り辞めることができます。また、株式会社の場合には任期がありますので、任期満了により退任となります。加えて、株主総会の決議によって役員を解任することもできます。

合同会社の場合は、役員に任期はありませんので、自動的に退任するということはありません。また、辞任しようと思っても株式会社と違い、会社に出資しています。この出資が紐付いているため、社員の地位のみを辞めたいと思っても、株式会社とは違う手続きが必要になります。有限責任社員としての地位を辞めたい場合、会社に対する出資について、どのようにするかを考える必要があります。

2 社員が辞める場合には、減資になってしまう

合同会社の社員が辞める場合、会社から出資の払い戻しをしてもらうことになります。出資した金額を無条件で全額払い戻しすることができるとすると会社にとって影響が大きいので一定の要件はありますが、基本的には払い戻しを受けることになります。そうなると、会社にとっては資本金が減るので、減資の手続きをしなければなりません。合同会社の債権者にとっては、会社に存在する資本金だけが唯一の頼りですから、勝手に資本金を減らされてしまうと返済を受けられないおそれが出てくるので困ったことになります。そこで、減資の手

続きをする場合、債権者の権利を保護するために、原則として国が発行する機関紙「官報」に公告をしなければなりません。また、会社がすでに把握している債権者には個別に通知をする必要があります。「資本金をいくら減額するので、減資の手続きについて異議があればお知らせください」といった内容です。公告や通知の期間は、最低1カ月置く必要があり、時間がかかります。「官報」に公告をするのにも費用がかかります。また、債権者が複数になると、その対応に追われることにもなります。資本金を増やすのは簡単ですが、減らすのはとても大変な手続きです。

3　社員を入れる場合は、慎重に

　合同会社に社員を入れる場合、社員は出資する必要が出てきますので、はじめに慎重に考える必要があります。社員は自分のみで、ずっとひとりで経営していくという人は特に心配する必要はありません。

　ひとりで簡単にできるのが合同会社のよいところでもあります。しかし、ほかの誰かを社員に入れることが前提の場合は、将来的に辞めてしまうことも視野に入れつつ、出資してもらうほうがよいでしょう。

　たとえば、妻や夫を社員に入れるケースは多いですが、離婚後に出資してもらった資本金をどうするかで揉めるケースもあります。また、親などを社員に入れるケースも多いですが、相続が発生した際に、遺産分割協議がまとまらないなどで出資した資本金について誰のものか不明確になることも少なくありません。ビジネスパートナーとなれば、いつパートナー契約が解消になるとも限りません。せっかく会社が軌道に乗ってきたときに、社員同士のいざこざが原因で成長が止まってしまうのは非常にもったいないことです。社員選びは慎重に行いましょう。

> ☑ 新しく社員を入れる場合には慎重に
> ☑ 社員が辞める場合も想定して、社員構成を計画しよう

28
親族を入れる場合でも、出資してもらう必要がある

役員として親族を入れることは昔からよくある話です。「名前だけ貸して」と役員になっている方もまだまだ多いのが現状です。しかし、合同会社の場合は注意が必要です。社員になるには出資が必要だからです。親族を入れる場合の注意点について見ていきましょう。

1 親族でも、出資しなければならない

　株式会社の役員になる場合、必ずしも出資は必要ではありません。所有と経営が分離されているため、株主だからといって役員になる必要はないからです。

　しかし、合同会社の場合、社員と役員が一致しているため、出資が必要になります。業務を執行しない有限責任社員であっても同様です。最低でも1円は出資しなければならず、資本金が増えた場合には増資の登記が必要になる点について注意してください。あとで、社員を追加するのは手続き的にも面倒なことが多いです。はじめの段階である程度の社員構成を決めてから、設立するとよいでしょう。

2 出資してもらうより、辞めてもらうほうが大変

　それでも出資してもらうときは、まだ会社にとって資本金が増えるので都合のよいこともあります。社員が増えればそれだけ組織的に事業を行っていると客観的に見ることもできます。

　逆に、社員に辞めてもらうときは大変です。株式会社の場合は、役員を辞めてもらうのに実はそこまで大変な手続きはありません。合同会社の場合は出資が必ず関係するので、「本人に払い戻しが必要なのか」「ほかの誰かに出資金を譲渡するのか」で手続きが変わってきます。

　払い戻しをする場合、資本金が減ってしまうので減資の手続きが必要になります。減資の手続きは「官報」に公告したり、債権者に個別の通知を出したりと、簡単な手続きではありません。また、官報公告

には費用もかかります。一方、ほかの誰かに譲渡をする場合、既存の社員に譲渡するのであれば減資の登記は必要ないのですが、譲渡契約を結ぶ必要があり、金額によっては譲渡所得税などの税金が発生します。また、社員ではない人に譲渡する場合は、新たに社員となりますので社員加入の登記が必要になります。

このように株式会社とは違い、合同会社の社員は出資が紐付いているため、入ったり辞めたりする場合に必ずお金の動きが出てきます。安易に誰かを社員に入れる行為はできるだけ避け、慎重に進めていきましょう。

3 なぜ、親族間の会社は、空中分解してしまうのか

親族間での会社経営は、全国的にも非常に多いですが、実際には難しい問題も多数存在します。血縁関係にあるため、仕事とプライベートの関係性が曖昧になってしまい、うまくいかなくなってしまうことも多いようです。しかし、事務処理や簡単な経理業務など人手が必要なときにはやはり親族が重宝されます。特に経理は、赤の他人にお願いするのは抵抗があるという人が多いのではないでしょうか。

また、一時的に経営が苦しくなり、給与が出せない状況になっても、雇用している従業員に給与を待ってもらうということはできませんが、親族の場合は家計が一緒なのでどうにか理解してもらうことができます。

加えて、親族経営の場合は、節税のメリットもあるのでなるべく親族で経営を賄っているという会社も多いです。当然、合同会社も親族経営に向いている法人形態ではありますが、会社組織にする場合は手続きが必要なものが多数出てきますので、親族を社員に入れる場合も含め、慎重に判断する必要があります。

- ☑ 親族が社員になる場合でも、お金を出してもらう必要がある
- ☑ 社員になるのは簡単でも辞めてもらうのは難しいと覚えておこう

29 「やはり株式会社にしておけばよかった」は意外と多い

一生に一度の会社設立。やはり後悔はしたくないものです。しかし、気が変わることや、事情や環境が変わるということは多々あります。「株式会社にすればよかった……」などと、途方に暮れる心配はありません。その理由について見ていきましょう。

1 一般的に認知されたが、名称に偏見もある

　合同会社が誕生してから10年以上が経ちました。合同会社の名称はかなり認知されてきました。「株式会社と迷ったけど費用が安いから合同会社にした」というよりもはじめから合同会社にしたくて合同会社を選ぶ人も増えています。しかし、それでもやはり株式会社の知名度にはかなわず、まだまだすべての層に浸透しているかといわれると難しい部分もあります。ひとりでも設立できる合同会社ですが、「誰かと共同でやっているの？」とか、「前にあった有限会社と一緒でしょ？」とか、誤解されている部分は多いです。

　また、「株式会社をつくれない人がつくるのが合同会社」という明らかに間違った認識をしている方も存在します。そうはいっても、知っている人は知っている合同会社です。前述のとおり、AppleやAmazonも合同会社である事実を伝えれば印象も変わるでしょう。当然、合同会社だからといって法人であることにまったく問題はありません。

2 金融機関によっては融資の審査に影響も？

　創業時に金融機関から融資を受けたいと考えている人は多いですが、金融機関によっては株式会社のほうが融資を受けやすいのではないか、という話をよく耳にします。

　形式上は株式会社でも合同会社でも違いはないのですが、融資に一番影響するのは資本金の金額です。株式会社に比べると、合同会社の

場合、資本金は低額の傾向にあります。創業融資の場合、自己資金が重要なので、結果的に株式会社のほうが借りやすいということになります。もし、合同会社を設立して創業融資を受けたいと考える場合には、資本金をいくらにするかを検討する必要があるので注意が必要です。

3 株式会社化が視野に入っている場合は……

もし、将来的に株式会社にすることが視野に入っているならば、予算によっては、はじめから株式会社にしたほうがいいかもしれません。あとから株式会社に変更することはもちろん可能ですが、「官報」に公告する必要がありますし、設立するときよりも複雑な手続きになります。専門家に依頼すれば当然それなりに報酬を支払う必要がありますので、近い将来、株式会社にしようと考えているのであれば、コストがかかってもはじめから株式会社にしたほうがよいでしょう。

なお、合同会社から株式会社に変更する際の費用は、印紙代が最低6万円以上かかります（資本金の額によって、変動があります）。さらに「官報」に公告を出せば、3万円以上かかることがあり、その上専門家に委託することになれば、それ相応の報酬がかかるということも念頭においておきましょう。

4 実際のところは、小さな会社であれば、社長の実力勝負

合同会社であっても、株式会社であっても、結局信用をつくるのは社長（代表社員）自身になります。

合同会社や株式会社が「器」だとすれば、あとはその「器」に社長が何を入れるかが最終的には重要になってきます。これまでの経験や実績、ノウハウを思う存分発揮して、「器」を満たしてください。

☑ 合同会社は認知されてきたが、まだまだ偏見もある
☑ 最終的に、小さな会社は社長個人の勝負になる

30 「代表取締役」になることはできない

「代表取締役」を名乗るために会社をつくる人もいます。名刺交換のときに、「代表取締役」と書いてあると誰でも「社長だ!」と一目置くことでしょう。しかし、合同会社の場合、代表取締役は名乗れません。合同会社の場合の肩書きについて見ていきましょう。

1 合同会社は「代表社員」

　合同会社の数少ないデメリットかもしれませんが、合同会社の場合、代表者として登記される名称は「代表社員」になります。社員の代表だから代表社員なのですが、やはり「従業員の代表」という印象は拭いきれません。当然、株式会社の場合に適用される「代表取締役」とは名乗ることができません。

　名刺などを拝見すると「合同会社〇〇　代表取締役□□□□」と名乗っている方をまれに見かけますが、株式会社であると誤認させるような表示は避けたほうがよいでしょう。後述しますが、登記される名称が「代表社員」というだけであり、一般的な代表者を示す名称を名乗ることまで否定されているわけではありません。工夫を凝らすことで対策が可能になります。

2 「社長」や「CEO」は自由に名乗れる

　合同会社の代表社員は代表取締役を名乗ることはできませんが、俗にいう「社長」や「CEO」を名乗ることは可能です。これらは代表取締役と違い、法律で規定された名称ではないからです。

　会社の代表者であることを相手にわかるように伝えることはお互いにとってよいことです。「自分で社長というのはちょっと恥ずかしい……」と思う方もいるかもしれませんが、社長であることには代わりはありません。胸を張って堂々と社長であることを伝えてください。

主な肩書き

組織形態	肩書名
株式会社	代表取締役
合同会社	代表社員
一般社団法人	代表理事
NPO法人　医療法人	理事長
その他	社長　CEO（最高経営責任者）

3　会社であっても、個人をアピールする場合が多い

　合同会社は、確かに法人です。しかしながら、株式会社に比べ、小規模の経営、または社長ひとりでの経営になることがしばしば見受けられます。これは、もともと合同会社を設立する人が、小規模での経営を想定していることが多いためでしょう。

　そのため、合同会社を設立した人の中には、会社名や法人格のアピールというよりは、個人を商品にして活動している人も多いようです。たとえば、コンサルタントが法人格を持ち、ブランディングするために合同会社を持つ。フリーランスのウェブデザイナーやコーチを仕事にした人が合同会社を持つ、ということも多く見受けられます。

　その場合、「社長である、CEOである」などはあまり大きな基準にはならず、「誰に仕事を頼むのか」という点が重視されます。そういった活動をする人は、株式会社であっても合同会社であっても、個人事業主でも、クライアントから見ればあまり差のないことが多いものです。

　ですから、あなたが個人を前面に打ち出すビジネスをしているのであれば、大きく表示するのは社名でも肩書きでもなく、「名前」であるのかもしれません。

- ☑ 合同会社の代表は「代表社員」。「代表取締役」は使えない
- ☑ 「CEO」「社長」「代表」などの名称は使用できる

Column

有限会社はどうなる？

　平成18年に施行された会社法により、有限会社に代わって新しくできた会社の法人形態が合同会社です。つまり、有限会社の制度は廃止され、新しく有限会社を設立しようと思っても設立することはできなくなりました。

　では、これまで存在していた有限会社はどうなってしまうのか、という疑問が残ります。既存の有限会社は、そのまま有限会社を名乗って経営を続けてよい、ということになりました。これを「特例有限会社」と呼びます。現在でも有限会社が存在しているのはそのためです。

　定款を変更して株式会社になることも可能とされています。しかし、株式会社に変更したあとに、有限会社に戻りたいと思っても戻れません。判断は慎重に行う必要があります。

「有限会社よりも株式会社のほうが格上でしょ？」と考える方もいると思いますが、いかがでしょうか。有限会社であるということは、少なくとも創業してから10年以上経っている、ということがわかります。理由は、平成18年以降は有限会社がつくれなくなったからです。会社が10年続くということはそれだけで凄いことです。「有限会社」という会社名だけで歴史のある会社ということがわかるのですから、会社名を変えるのは、それはそれで非常にもったいない、というのもうなずけますね。

　ちなみに、この特例有限会社は、会社法上はほぼ株式会社と同じ扱いなのですが、合同会社と同じく役員の任期がありません。また、決算の公告義務もありません。これらを考慮すると、有限会社を経営する方で株式会社への変更を検討している方は、一度考え直したほうがいいかもしれません。もう二度と有限会社をつくれないのですから。

第6章
会社の基本事項を決めよう

31 合同会社の基本構成を決めよう　84

32 代表社員・業務執行社員を決めよう　86

33 会社名を決めよう　88

34 商号の調査をしよう　90

35 事業目的を決めよう　92

36 本店所在地を決めよう　94

37 事業年度を決めよう　96

38 資本金の額を決めよう　98

39 機関設計ごとの必要書類を用意しよう　100

40 会社の印鑑をつくろう　102

41 管轄の法務局を調べよう　104

Column 事業の許認可に注意した会社設立を行うために　106

31 合同会社の基本構成を決めよう

合同会社では、出資した人が経営の責任を負います。その出資者を「社員」と呼び、合同会社の全責任を持つことになります。一般的な「会社員」という意味ではありません。

1 合同会社設立における4つのパターン

本書では、合同会社として考えられる構成として、次の4つのケースを想定して解説していきます。

- ❶ 1名で合同会社をつくるケース
- ❷ 2名（またはそれ以上の人数）でつくり、代表社員を決めるケース
- ❸ 3名（またはそれ以上の人数）でつくり、代表権と業務執行権を持たない社員がいるケース
- ❹ 法人が社員として構成員に入るケース

何名で合同会社を設立するのか、あるいは法人を構成員として入れるのかによって、どのケースで設立するのかが決まりますが、いずれのケースでも決めなければいけないことがいくつかあります。それが「社員」「代表社員」「業務執行社員」といったものです。

2 「社員」を決める

合同会社を設立するには、まずは「社員」を決めなければなりません。社員とは、合同会社の資本を出資し、なおかつ経営に参加する人のことを指します。具体的にどうやって決めればいいかというと、「誰と一緒になって合同会社をつくるのか」を決めればいいのです。

合同会社の場合、ひとりでも設立することができます。最初はひとりではじめるのであれば、それで社員は決定です。社員はあなたひと

りになりますから、何も問題はありません。

ところが、複数名で設立するときは注意が必要です。

合同会社が株式会社と異なるところは、原則として出資する人が経営にかかわるという点です。

株式会社の場合は、出資している人（株主）が取締役などの経営者になる必要はありませんが、合同会社は出資者が経営をするのが基本です。

また、株式会社の経営者は必ずしも出資者（株主）ではありませんが、合同会社では出資していない人が経営に参加することはできません。

合同会社では、原則としてすべての社員が会社の責任を持ち、ビジネスについての決定権を持つことになります。

つまり第三者に出資してもらうと、その人も経営に参加することになってしまいます。

その点は十分に注意しなければなりません。

もしも複数名で合同会社を設立しようとしていて、なおかつ最初の資本金が多くなりそうな場合は、株式会社を選択することも視野に入れましょう。

それだけ資本金が集まるのであれば、株式会社の登記費用を捻出することも困難ではないでしょう。

将来的な資金調達も視野に入れるのであれば、株式会社のほうが行いやすいのは間違いありません。

6 会社の基本事項を決めよう

- ☑ 合同会社の設立パターンは4つ。自分に合ったものを選ぼう
- ☑ まずは「社員」を選び、決定しよう

32 代表社員・業務執行社員を決めよう

自分ひとりで合同会社をつくる場合は、自動的に「代表社員」となります。社員は出資者であると同時に経営者ですが、複数の社員ではじめるにはどのようにすればいいのでしょうか。

1 代表社員を決める

合同会社の社員は、原則として全員が代表権と業務執行権を持つことになります。つまり、仮にふたりで合同会社を設立した場合、それぞれが代表権を持って業務を行うことになります。もちろんこれはこれで問題ありません。

しかし、商談の場や取引の際に、こちら側の社員全員が代表権を持つとなると、本当に相手に決裁権があるのかなど、取引先が混乱するおそれがあります。そのようなトラブルを防ぐためには、株式会社のように代表をひとりに決めておくことがベストです。合同会社では、株式会社の代表取締役の代わりに、社員全員の代表権をひとりの社員に集約させた「代表社員」を決めることができます。

株式会社のような法人を代表社員として決めることもできます。その場合は、その法人の中から「職務執行者」を1名決める必要があります。多くの場合、職務執行者はその会社の取締役から選任します。したがって、取締役会などで選出し、その就任を承諾することによって、職務執行者は決定されることになります。

2 業務執行社員を決める

出資している人でも経営から外すことは可能です。そのためには、「業務執行社員」を決める必要があります。そうすることによって、業務執行社員でない人のことを、出資だけして経営をしない社員とすることができるのです。

この業務執行社員とは、その名のとおり合同会社の業務を執行する社員のことです。業務執行社員を決めるときは、「出資はするけれども経営には参加しない」という社員をつくるときです。いわば株式会社の株主のようなものです。

　業務執行社員を決めると、その業務執行社員が代表権を持つことになります。たとえば3名で合同会社をつくり、そのうちの2名を業務執行社員と決めた場合には、残りの1名は業務執行権も代表権も持たない社員となります。

　しかし、合同会社という組織を選択するケースは、比較的小規模で行うことが予想されます。小規模であれば、出資した以上は経営に参加してくる機会は増えてくるでしょう。出資して経営に参加しないのであれば、株式会社の株主と同じように、経営の結果を見守るだけになってしまいます。規模が小さいほど、経営を外された人からの不満は高くなるおそれがありますので、注意が必要です。

　これらのことは、定款に記載することによって決めることができます。こうすることによって、いわば株式会社のようなイメージで機関設計が可能になるのです。こうして社員の中から代表社員や業務執行社員を決め、会社の機関設計をしていきましょう。

3　最初に決めたことを大切に

　ひとりで合同会社をつくる場合は、自分の意思ひとつで決まりますが、複数名でつくる場合には、最初の協議が重要です。

　給料、利益配分、経営の意思決定など、どのような役割、配分で行うのかは慎重に話し合っておきましょう。経験上、最初に決めたことが後々よくも悪くも引きずることが多いもの。もちろん、何も決めずなんとなくではうまくいかないということは、説明するまでもないでしょう。

- ☑ 会社を代表する社員「代表社員」を決定しよう
- ☑ 業務執行社員を決めれば、経営する人を限定できる

33 会社名を決めよう

社員や業務執行社員が決まったら、もっとも基本的な事項である会社名を決めましょう。会社の名前は「商号」と呼ばれます。法務局などの役所でも商号と呼びますので、覚えておきましょう。

1 商号決定のための基本ルール

商号を決める際には、いくつかのルールがあります。そのルールを守って、満足のいく商号を決めていきましょう。

❏商号の中に必ず「合同会社」を入れる

商号の中に、必ず「合同会社」の文字を入れなければなりません。本書では、会社名を「パワーコンテンツジャパン」として説明します。そうすると商号は、「合同会社パワーコンテンツジャパン」や「パワーコンテンツジャパン合同会社」となります。会社名の前に付けても後ろに付けても、どちらでもかまいませんが、「合同会社」の文字を、会社名の前後どちらかに入れる必要があります。なお、前後ではなく、会社名の真ん中に入れることも法律上は可能となっています。

❏使用できる文字に制限がある

商号として使える文字は、漢字、ひらがな、カタカナ、ローマ字（小文字・大文字）、アラビア数字と一定の符号（「&」「'」「'」「-」「.」「・」）のみ使用することができます。また、ローマ字を使用するときのみ単語と単語を区切る必要があるため「スペース」が使用可能です。

❏会社の一部門を表す文字は使用できない

たとえば「パワーコンテンツジャパン合同会社東京支店」などのように、商号の中に「○○支店」「○○支部」「○○支社」「○○事業部」と

いった、会社の一部分を表す文字を使用することはできません。

❏「銀行」「信託」の文字は使用できない

銀行業や信託業を行う会社以外には、「銀行」「信託」の文字は使用できません。

❏ 公序良俗に反するものは使用できない

犯罪や違法行為を助長させるような、いわゆる公序良俗に反するような商号も使用できません。

❏ 有名企業の商号は使用できない

「ソニー」や「ホンダ」のように、有名な会社の商号を使うことはできません。一般的に誰もが知っている企業の商号を使うことは避けましょう。場合によっては不正競争防止法により損害賠償請求や商号使用の差し止め請求をされることもあります。

効果的な会社名の決め方

会社名を決めるときに「合同会社〇〇」がいいのか「〇〇合同会社」がいいのか、迷う方は多いでしょう。これは株式会社の場合でも同様です。いわゆる前株・後株のことです。この場合、まずは会社名を口に出していってみましょう。どっちがしっくりくるか、意外と言葉にしてみるとわかるものです。また、合同会社が前に来る会社名の場合、合同会社であることがまず目に入ります。合同会社があとに来る会社名の場合、自社の名前がまず先に来ます。どちらを先に伝えることが、メリットが大きいのか、考えてみるとよいでしょう。

- ☑ 会社名に使える文字と使えない文字があることに注意しよう
- ☑ 後株のほうが、社名が伝わりやすいという点も考慮しよう

34 商号の調査をしよう

商号使用のルールを守って商号を決定すれば、問題ありません。それでも不安な場合や万全を期したい人は、管轄の法務局で商号の調査をしましょう。

1 新会社法のもとでも類似商号の調査を行う

　新会社法が施行される前は、類似商号の規制がありました。そのため、商号を決定する前に、事前調査を行う必要がありました。

　これが新会社法施行後の平成18年5月以降、類似商号の規制が撤廃され、同じ住所で同じ商号の使用ができないという内容に緩和されました。これで類似商号の調査の必要性はなくなったのです。つまり、同一住所、同一商号でなければ登記することが可能になり、現実的には同一住所、同一商号という会社は考えにくいので、ほぼ、どのような名称でも登記すること自体は可能であると考えていただいて差し支えありません。

　しかし、同じ商号を使用できるからといって、安易に同じ商号を使ってしまうと、不正競争防止法などの法律に基づき、「商号の使用差し止め請求」を受けたり、あるいは「損害賠償請求」を受けたりする可能性があります。

　そのようなトラブルを未然に防ぐためにも、できるだけ商号調査をしておくべきでしょう。

　類似商号は、本店所在地の候補となる住所を管轄する法務局で調べることができます。法務局に備え付けてある「閲覧申請書（登記事項要約書交付申請書）」に必要事項を記入して窓口に提出すれば、無料で調査してもらえます。また現在は、「登記情報提供サービス」を利用することにより、自宅にいながらインターネットを利用して類似商号の調査をすることもできます。

登記情報提供サービス

2 かつての商号調査は、より厳格だった

　いまでこそ、同一住所・同一商号（類似商号）でなければ原則として自由に登記できるわけですが、法改正前はより厳しい基準がありました。

　以前は、同一住所ではなく、同一市区町村内に類似商号の会社が存在し、同種の事業を行っている場合、登記することができませんでした。これは旧商法により、同一市区町村内での類似商号の使用は、不正競争の目的にあたると推定されていたからです。

　そういった意味でも、現在の会社設立手続きは簡単になり、本書のような書籍を見ながら、ひとりでも設立できるようになったといえるでしょう。

　ただし、前述のとおり、簡単になったからといって安易に決めるのは考えものです。法律で規制していない以上、「トラブルは当事者間で解決しなさい」という法律の意図とも取れるわけで、商号に関しては慎重に考えて損をすることはないといえます。

- ☑ 同じ商号は、同じ住所でなければ使用できる
- ☑ 他社の権利を侵害しないように、念のため商号調査を行おう

35 事業目的を決めよう

「事業目的」とは合同会社が行う事業の内容とその目的です。事業は定款で定めた事業目的の範囲内でのみ、その活動ができることになります。そのため、これから設立する合同会社でどのような事業を行っていくのかをよく考えて、事業目的を慎重に決定しなければなりません。

1 「これからやるかもしれない事業」は、なるべく列挙する

事業目的の決定の方法には、いくつかのポイントがあります。まず、事業目的の大まかな内容を決める必要があります。具体的には、すでに個人事業などでビジネスをしていた人は、それまでのビジネスの内容が事業目的のひとつになります。それに加えて、合同会社を設立してから行う予定の事業すべてを列挙しておくとよいでしょう。つまり、将来的にやるかもしれない事業は、事業目的としてすべて定款に盛り込むようにします。

定款に記載した事業目的以外の事業を行うには、事業目的の変更手続きをしなければいけません。当然、そのための手続きの手間も費用もかかります。ですから、登記する段階で考えられる限りの事業目的を盛り込むようにしましょう。

2 事業内容を検討する

事業を列挙したら、今度は事業の内容について検討します。ひと言でいえば、「その会社が何をしているのか」が明確にわかり、かつ違法なビジネスでないことが、事業目的の要件です。一般的には、「営利性」「明確性」「具体性」「適法性」の4つを満たすことが、事業目的として認められるために求められています。先ほど列挙した事業の内容を、この4つと照らし合わせて、個別にひとつずつチェックしていく必要があります。この要件は、現在ではかなり緩和されていますが、現時点では前例にならったほうが失敗は少なく済みます。

有効な例	無効な例
●インターネット等を通じた通信販売業務 ●経営コンサルティング業 ●コンピュータグラフィックスの企画、制作 ●カフェバーの経営	飲食業 ➡ 具体性に欠ける 郵便業 ➡ 適法性に欠ける 共済保険の代理店業務 ➡ 明確性に欠ける

後悔しない事業目的の設定方法

事業目的を決定するには、2つの方法があります。

1つ目は自分自身で決めて、法務局で相談や訂正をしてもらうという方法です。これは無料でできますが、法務局との往復に時間を取られてしまいます。法務局への相談は、現在予約制となっており、電話での法務局に対する事業目的の相談は応じてくれない可能性もあります。

2つ目は前例にならって決める方法です。市販されている日本法令商業登記研究会編『会社「目的」の適否判定事例集』(日本法令、2003年)などの書籍をもとに作成します。もしくは同業種を経営している会社の登記簿謄本を取得して確認するのもひとつの手でしょう。すでに設立された事業目的が掲載されているので、それらを参考にすれば失敗することなく事業目的を決めることができます。

ただし、事業目的には地域差があります。念のため事前に管轄の法務局で確認、相談することをおすすめします。

☑ 現在の事業目的と将来行う予定の事業目的を網羅しよう
☑ 許認可取得のために必要な事業目的は必ず列挙しよう

36 本店所在地を決めよう

次に、合同会社の住所となる「本店所在地」を決める必要があります。この住所が営業の拠点になりますので、いくつかのポイントを整理しながら決めていきましょう。

1 賃貸物件を本店所在地にするときの注意点

原則として、合同会社の本店所在地に大きな制限はありません。本店所在地をどこにするかということに、法律的な制限はありません。しっかりと住所がわかれば、自宅でも、マンションでも、賃貸事務所でも登記が可能です。それよりも現実的な問題となるのが、その場所を本店所在地として登記しても運用上、規定上の問題がないかということです。たとえば、賃貸マンションやアパートは、あくまでも居住用として一時的に借りている場所なので、その物件の所有者である大家さんや物件を管理している管理会社などに確認する必要があります。

会社法として法律的に登記することが可能でも、賃貸借契約書上可能かどうかは、それぞれの物件によって違いますので、みなさんがそれぞれ判断しなければいけません。契約書のうえでは登記不可能な物件でも、交渉した結果、許可されたというケースもあるようです。

2 本店所在地を定款に記載するポイント

本店所在地が決まったら、「定款上の本店所在地」を決めます。定款には、「当会社は、東京都新宿区に置く」と最小行政区画まで記載しておく方法と、「当会社は、東京都新宿区新宿〇丁目〇番〇号に置く」と住所すべてを記載する方法があります。

最小行政区画までにしておけば、その範囲内での移転ならば定款の変更手続きが不要というメリットがありますが、現実には同じ管轄内での移転が少ないことと、たとえ管轄内の移動であっても「本店移転

登記申請」が必要になり、それには登記手数料もかかります。そのため、本書では定款に住所すべてを記載する方法を採用しました。

なお、合同会社の本店所在地を移転した場合には、原則として移転の登記手続きが必要になります。同じ法務局の管轄内ならば3万円、管轄外ならば6万円の登録免許税がかかります。

ベストな本店所在地の登記場所はどこか

　設立する際にベストな本店所在地はどこなのか。登録免許税の費用を考えると、できればあまり移動しない場所を本店所在地にしたいものです。特にひとりで小さくビジネスをはじめる場合では、自宅のアパートやマンションなどを本店所在地として登記することが多いと思います。

　そうすると、自宅を引っ越すたびに、会社の本店所在地の変更手続きが必要になります。それだけではなく、代表社員の住所変更も合わせて必要になり費用がかさみます。そこで、移転する可能性の低い自分の実家などを会社の本店所在地としておけば、自宅を何度引っ越しても移転手続きは不要になります。また、現在だとレンタルオフィスなど家賃を安く抑えられる方法もあります。会社の設立は最初が重要ですので、こういった点もおさえておくべきポイントです。

　ただし、バーチャルオフィス、レンタルオフィスの場合は金融機関によっては口座開設を嫌がる場合もあるようです。そのため、できれば事前に金融機関に確認し、口座開設が可能かどうか確認しておくことも重要です。もちろん、ネット銀行など、探せば開設できる金融機関はありますが、希望の金融機関がある場合は事前相談をすることがポイントになってきます。

- ☑ 賃貸物件の場合は登記可能かどうか、オーナーに確認しよう
- ☑ 本店所在地は、できるだけ動かさない住所にしよう

37 事業年度を決めよう

ほかの法人と同じように、合同会社も一年ごとに会計の区切りをつけます。いわゆる「事業年度」ですが、この事業年度を合同会社でも決める必要があります。

1 事業年度を決めるのは自由

決算は、特に理由がなければ年1回にしましょう。年1回でなく、2回にも3回にもすることは可能ですが、特別な理由がなければ、煩雑な決算作業は最低限必要な年1回にします。

事業年度は自由に決めることができます。毎年4月1日から翌年3月31日でも、8月1日から翌年7月31日でもかまいません。よく、「3月決算（決算月は3月）」という言葉を耳にするかと思いますが、これは「毎年4月1日から翌年3月31日まで」を事業年度としている会社が、3月末日で区切って1年間の収支決算をすることを意味しています。上場企業や大会社は3月決算にすることが多いようです。

2 2月決算にするなら注意

ただし、2月決算とする場合は注意が必要です。2月は、4年に一度うるう年がありますので、定款を作成する場合は、「毎年3月1日から翌年2月末日まで」と記載しなければいけません。

3 専門家の意見も参考にする

また、合同会社の会計を税理士等の専門家へお願いするのでしたら、その専門家の希望や意見を聞いておきましょう。

もちろん3月決算に決めてしまってからでも、お願いすれば引き受けてもらえますが、3月末を決算月にしている会社が多いことと、個人の確定申告の時期が重なりますので、専門家も非常に忙しい時期で

す。そのため、少し時期をずらしたほうがスムーズに行く場合もあるでしょう。

なお、会社設立月の直前の月を決算期にすると、初年度の決算手続きを少しでも遅くすることができます。8月に登記するのであれば、「8月1日〜翌年7月31日」を営業年度とするのです。初年度の決算を先送りしたい場合は、このように設立する月を目安にして事業年度を決めましょう。

おトクな事業年度の決め方

事業年度の決め方として、なるべく繁忙期を決算期にしない、という方法があります。

自分のビジネスに繁忙期がある場合はその時期を避けて、比較的忙しくない時期が決算期になるように事業年度を決めましょう。

忙しくなりすぎてきちんと決算手続きや税金対策ができず、申告漏れや納税資金不足になるような事態は絶対に避けるべきです。

また、消費税の免税事業者の期間は、はじめの2期です。2年ではなく2期ですので、はじめの1期をなるべく長く取れば取るほど免税の期間はそれだけ長くなります。そうすると、おのずと設立した月の前月を決算月にするのがいい、ということになります。たとえば、8月1日に設立するなら、7月31日を決算にすることにより、1期目が丸々1年となります。

- ☑ 事業年度は、最初の1年を長く取ることが運営を簡単にする
- ☑ 顧問税理士がいる場合は、決算期の相談をしてから決めよう

38 資本金の額を決めよう

合同会社は人が中心の会社と呼ばれますが、もちろん資金が必要になります。ここではその資本金について、合同会社の特徴と、具体的な資本金の額を決める方法を解説します。

1 出資比率と利益の分配率はイコールではない

合同会社では、出資した人が原則として経営者になります。株式会社では、出資した人（株主）は、自分が出資した額に応じて、権利や配当が変わります。一方、合同会社では、原則として出資比率に権利が左右されることはありません。

合同会社では、たとえ出資した比率が9対1であっても、定款でルールを定めれば利益を折半することができます。したがって共同で出資する場合には、利益の分配に関してお互いの了承を得ることが必要になります。出資比率が異なる場合は特に気をつけましょう。

人が中心の会社といわれている合同会社ですから、特に大きな資本を入れる必要性は低いでしょう。そのため、かえって資本金の額をいくらにすればいいのか、決めかねている人も多いと思います。そこで、資本金の額を決定するポイントを解説します。

2 対外的信用から資本金額を決める

まずは対外的信用という視点から、資本金額を決定する方法です。資本金は登記簿に記載されるため、資本金が多ければ多いほど、会社の対外的な信用は非常に高くなります。特に大手企業を相手に取引をする場合は、ある程度の資本がなければビジネスそのものが成立しないかもしれません。

ただし、個人のネームバリューや信用で仕事をするような合同会社では、資本金の額はさほど問題にされないでしょう。

3　運転資金から資本金額を決める

　もうひとつの資本金額の決め方としては、必要な運転資金から逆算して決める方法があります。

　たとえば、1カ月分の経費を計算し、その約6倍、つまり半年程度の運転資金を資本金として用意します。こうすることにより、すぐに資金が底をつき、社員個人が会社に貸し付けたりするようなことはなくなります。このように資本金の額を決めるのもひとつのポイントといえるでしょう。

　いくら人が中心の会社の合同会社であるとはいえ、ある程度の資本がないと、ビジネスはうまく回りません。ですので、ある程度の資本は用意したうえではじめるのがよいでしょう。

　これらの視点から、一番適した資本金の額を決めてください。

お金がなくても資本金をつくる方法

コンサルのアドバイス

　会社の資本金は、現金だけではありません。実は、現金のほかにも出資する方法があります。それが現物出資です。現物出資とは読んで字のごとく、「現物」を出資することです。個人事業主として使用していたパソコンやオフィス機器などが該当します。不動産の名義変更や不動産をいくらで評価して出資するかなど課題は多いですが、不動産を会社に出資することも可能です。個人の資産として使用していたものは、会社のものとすることにより、出資することができます。もし現物出資を考慮に入れる場合は、適正な評価のもと、出資しましょう。

　なお、現物出資の場合は、通常の設立登記にはない記載が入った定款や、別途添付書類が必要になりますので注意が必要です。

- ☑ 一定の資本金の額が、あなたの会社の信用をつくる
- ☑ お金がない場合は現物出資を利用しよう

39 機関設計ごとの必要書類を用意しよう

合同会社の設立では、代表社員の「印鑑登録証明書」が必要になります。使用するのは法務局のみです。そのため、あまり難しく考える必要はありませんが、法人が代表社員になるときには、法人の印鑑登録証明書と登記事項証明書が必要になりますので、その点は注意しましょう。

1 代表者の印鑑登録証明書を用意する

合同会社の設立に必ず必要なのは、代表者の印鑑登録証明書です。「印鑑登録証明書」とは、市区町村役場で発行してもらうもので、本人の実印であることを証明するものです。印鑑登録証明書の発行には、事前の印鑑登録が必要です。未登録の人は、市区町村役場ですぐに登録できますので、できるだけ早めに登録し、印鑑登録証明書を準備しましょう。

印鑑登録が済んでいない人は、住民登録をしている市区町村役場に登録する印鑑を持って行って、印鑑登録の手続きをしましょう。実印は「8mm以上、25mm以内」であれば大丈夫ですので、思い思いの印鑑をつくりましょう。

この登録した印鑑を一般的に「実印」と呼び、合同会社設立の際には必ず必要なものとなります。なぜなら合同会社設立のために作成する書類では、登録した実印を使用することになるからです。

印鑑登録証明書を必要とするのは、原則として代表者になる人です。1名でつくる場合はその人の印鑑登録証明書を用意します。代表社員を決める場合は代表社員となる人の印鑑登録証明書、法人が代表社員として入る場合は、その法人の印鑑登録証明書と登記事項証明書が必要になります。また、印鑑登録証明書は発行から3カ月以内のものが有効ですので、設立申請をする日から逆算して3カ月以上前に発行された印鑑登録証明書は使用できず、新たに発行してもらう必要があることも覚えておきましょう。

2 法人が合同会社の代表者となる場合には

　法人が合同会社の代表社員となる場合には、その法人の印鑑登録証明書以外に、登記事項証明書が必要になります。これには「履歴事項全部証明書」という証明書を使用することになります。管轄の法務局に限らず、どこの法務局でも取得することが可能ですので、書類をつくる前に最寄りの法務局に行って取得しておきましょう。

　印鑑登録証明書は、印鑑カードがあれば誰でも法務局にて取得できますが、代表社員の生年月日を入力する必要があるので、代表社員以外が取りに行く場合には、事前に伝えるとよいでしょう。履歴事項全部証明書も同じく誰でも取得できますので、誰かにお願いすることも可能です。

印鑑登録証明書の例

登録印影	氏　名	横須賀　輝尚
	生年月日	昭和54年7月4日
	住　所	東京都渋谷区大岡山二丁目3番4号
	備　考	

この写しは、登録されている印影と相違ないことを証明します。

平成○年○月○日　　　渋谷区長　○○　○○

- ☑ 代表者の印鑑登録証明書を用意する。最初は多めに取得しておく
- ☑ 法人が代表者の場合には、登記簿謄本も必要になる

40 会社の印鑑をつくろう

商号を決めたら類似商号のチェックを済ませ、商号が問題なく使えることがわかったら、合同会社の印鑑をつくりましょう。会社印には、一般的に3点セットと呼ばれる「会社代表者印」「銀行印」「角印」があります。

1 絶対に用意する「会社代表者印」

合同会社を設立するときに絶対につくらなければならない印鑑が、「会社代表者印」です。これは会社の実印と呼ばれるもので、法務局へ提出する登記申請書類と一緒に、この「会社代表者印」の届出をします。こうして合同会社の実印が登録されることになります。

この「会社代表者印」は、合同会社設立後も使用する印鑑です。契約書を交わしたりするときに、契約書に押す印鑑は、この「会社代表者印」です。

2 資金の出し入れ専用に使う「銀行印」

「銀行印」は、銀行に合同会社の法人口座を開設するときや、銀行取引に使用します。これは「会社代表者印」で兼ねてしまってもかまいませんが、万が一なくしてしまうと大変なことになってしまいます。なぜならば、ひとつの印鑑で勝手に契約されてしまったり、預金が引き出されてしまったりする可能性があるからです。こうした被害を防ぐためにも、できれば「会社代表者印」とは別に、「銀行印」をつくるようにしましょう。

3 日常業務では「角印」を使う

もうひとつ、「会社代表者印」「銀行印」とは別に、請求書の発行や送付状などで使用するための「角印」をつくります。「角印」は、法律的には必ずしもつくる必要はありませんが、日常業務専用に使う印鑑

を用意していたほうが、大変便利です。

　これらの印鑑は、販売店によって値段や材質、文字のデザインなどが違います。これからずっと使っていく大事なものですから、納得のいく印鑑をつくってください。

4　その他、今後必要な印鑑

　設立後に必要な印鑑として代表的なものがゴム印になります。「会社名・会社住所・肩書氏名（代表社員　○○○○）」が入ったものです。現在はそれぞれを切り離して使うことができるセパレート式を使用する方が多いようです。設立後は何かと記載する書類が増えます。その際にゴム印があることで手間を省くことができます。ぜひ検討してみてください。

業務で使う印鑑の種類

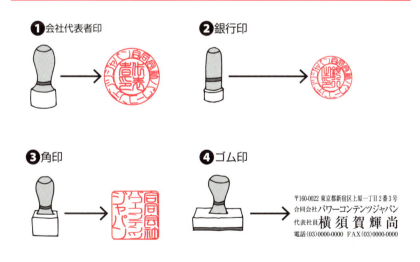

- ☑ 会社の印鑑は、3点セットを用意するのが王道
- ☑ 余裕があれば、いわゆる「ゴム印」も用意しておこう

41 管轄の法務局を調べよう

合同会社の設立では、法務局に足を運ぶことが多くなります。最終的に設立登記申請書類を提出し、審査を受け、審査が通れば合同会社の設立となります。ほかにも「印鑑届書」や「印鑑カード交付申請書」などの交付を受けたり、手続きについても相談することができます。

1 管轄の法務局を調べる

　一定の地域ごとに、不動産登記や商業登記の事務を取り扱っているのが法務局です。合同会社の設立では、設立のために必要な書類を準備して、法務局に登記申請をすることで完了します。

　法務局であれば、どこへ提出してもいいわけではなく、本店所在地の場所を管轄する法務局に提出することになります。本店所在地を管轄していない、たとえば、会社から離れた自宅の近くにある法務局に提出しても、受け付けてもらえません。

　つまり、合同会社の設立申請を受け付けてくれる法務局は、1カ所だけです。提出できる法務局がどこにあるのか、事前に調べて場所を確認しておきましょう。

> **法務局「管轄のご案内」**
> http://houmukyoku.moj.go.jp/homu/static/kankatsu_index.html

2 失敗しないための必勝法は、法務局をフル活用

　法務局では、申請書類を提出するだけでなく、事業目的を相談したり、類似商号を調査したりできます。

　合同会社の設立手続きをはじめてする場合には、最初に法務局に行き、すべて聞いてしまうのも、失敗しないひとつの手です。場合に

よってはその場で必要書式をもらえることもあります。

　ほかにも、合同会社の登記申請書類として、「印鑑届書」を使用することになります。これは市販されてもいますが、法務局に行けば無料でもらうことができるので、法務局に行ったときは、忘れずにもらってくるようにしましょう。特に、はじめて手続きをする場合には、書き損じる可能性が高いので、余分にもらっておくことがポイントです。書類に不備があって、何度も失敗して法務局を往復するのではなく、最低限の往復で済ませられるようにしましょう。

3　ウェブサイトから書式をダウンロードできるように

　最近では法務省のウェブサイトよりさまざまな書類を直接ダウンロードして使用することができるようになりました。設立の申請書や添付書類だけではなく、設立後の変更登記申請書やそのほかの法人登記についても詳しく掲載されています。法務局に行く時間がなかなか取れない方は次のウェブサイトを参考にするとよいでしょう。

法務省「商業・法人登記関係手続」

http://www.moj.go.jp/tetsuduki_shogyo.html

- ☑ 管轄の法務局を間違えないようにウェブサイトで確認しよう
- ☑ 書式は法務省のウェブサイトからダウンロードできる

Column

事業の許認可に注意した
会社設立を行うために

　会社をつくる際に注意したいのが、その事業を行うために許可や認可が必要な場合です。許可や認可が必要な場合、要件を満たすことが必須条件になります。代表的な条件として「事業目的」と「資本金」が挙げられます。

　事業目的に条件がある場合とは、定款の目的にその事業を行うための項目を必ず登記しないといけない場合のことです。リサイクルショップなど中古品を扱う場合には古物商の許可が必要になるため「古物営業法による古物商」という項目が必要です。

　このほかにも建設業や宅地建物取引業、介護事業等、許認可が必要な事業は多岐にわたります。役所の許認可が必要ない場合でも、保険代理店を営む場合には「生命保険の募集に関する業務」「損害保険代理業」などの項目が必要になります。登記を申請する前に、必ず確認してください。

　次に、資本金に条件がある場合です。会社法が施行されたことにより、資本金は1円から設立できるようにはなりましたが、建設業や旅行業、労働者派遣事業などを事業として行う場合には資本金の条件を満たす必要があります。事業目的として登記しただけでは不十分な場合がありますので必ず事前に確認してください。

　設立の登記をしてからあとで資本金を増やす、いわゆる増資の登記を行うには安くない登記費用がかかってしまいます。かけなくてよい費用をかけてしまうのは起業時には本当にもったいないことです。許認可が発生する事業を行う場合には、面倒でも関係各所に事前に確認することが重要になります。

第 **7** 章

合同会社の定款をつくろう

42 定款をつくる　108

43 定款作成時の注意点　110

44 定款を印刷し、押印しよう　124

45 定款を製本しよう　126

Column　電子定款と紙でつくる定款の違い　128

42 定款をつくる

合同会社の基本事項が決まったら、実際に登記申請書類をつくりましょう。まずは定款です。株式会社の定款は、申請前に公証役場で認証を受けないと申請できないのですが、合同会社は認証が不要です。

1 定款作成の流れ

　間違いのない定款を作成するには、まずはパソコンを使ってインターネットに接続し、本書に掲載している書式のデータを、4～5ページの『「合同会社 手続き書式集」のダウンロード方法』の説明に従ってダウンロードしてください。

　書式は、合同会社の設立パターンを4つに想定して用意しましたので、それぞれの設立パターンに合った書式を使ってください。

❶ **1名でつくる合同会社**……自分ひとりでつくるケース
❷ **2名でつくる合同会社**……代表社員を1名選出するケース
❸ **3名でつくる合同会社**……業務執行社員を2名選出、そのうち1名を代表社員に選出するケース（出資するけれども、経営に参加しない人をつくる場合）
❹ **法人が入る合同会社**………社員に法人が入るケース

　書式をダウンロードしたら、定款のひな形をそのまま出力します。そして本書を読みながら、商号や本店所在地など、これから設立する内容に合わせて差し替えていきます。

　差し替え作業が終了したら、印刷して製本します。印刷するのは法務局提出のために1通、会社で保存するために1通、計2通作成すればいいでしょう。ここまでが定款作成の流れです。

　株式会社の登記申請と違って、公証役場での認証は必要ありません。

認証の手間が省ける分、公的な機関のチェックが入らないまま申請手続きをすることになります。もしも作成した定款に不備があった場合、法務局の審査に通らず、修正したりもう一度つくり直したりすることになってしまいますので、間違いのないように作成してください。

2 定款の用紙サイズ

　定款の用紙サイズに決まりはありません。ただし、現在はA4サイズが主流になっていますので、A4サイズで作成しましょう。

　ちなみに定款は、ボールペンなどを使って手書きで作成したものでも問題ありません。手書きにこだわるのであれば、本書に掲載した書式見本を見ながら作成してください。ただし、作業効率を考えると、手書きでは失敗した場合の修正が大変ですので、本書ではパソコンで作成することをおすすめします。

定款の作成に必要な道具

- ☑ 本書でダウンロードできる書式を利用して定款をつくろう
- ☑ A4サイズで作成するのが現在の主流

43 定款作成時の注意点

本書に掲載してある書式のひな形にそって作成すれば、合同会社の定款が完成します。ただし、本書に掲載してあるのはあくまで一般的な記載ですので、オリジナルの規定を盛り込みたい場合や機関設計を工夫したい場合などは、法務局や専門家に相談して作成してください。

1 定款に記載する内容とは

定款に記載する事項には、「絶対的記載事項」「相対的記載事項」「任意的記載事項」の3つがあります。

❑絶対的記載事項とは

定款に必ず記載しなければならない事項を「絶対的記載事項」といいます。

絶対的記載事項の中には、「目的」「商号」「本店所在地」「社員の氏名または名称及び住所」「社員の全部が有限責任とする」「社員の出資の目的」があります。本書に掲載した定款にも、きちんと盛り込んであります。

❑相対的記載事項とは

必ず記載しなければならない、というものではありませんが、記載しないとその効力が生じない事項を「相対的記載事項」といいます。

相対的記載事項には、「業務執行社員の定め」「代表社員の定め」「利益の配当」「損益分配の割合」「退社の条件」「解散の事由」などがあり、本書では「業務執行社員の定め」「代表社員の定め」を盛り込んでいます。

定款で利益配当などに関することも決めることができますが、本書では合同会社の自由度を生かすために、あえて最低限の拘束にとどめてあります。

□任意的記載事項とは

「任意的記載事項」とは、定款に記載してもしなくてもいいという自由なものです。

「任意的記載事項」には、「決算期」「代表社員や業務執行社員の報酬」などがあります。本書に掲載した定款には、一般的に使用する任意的記載事項を盛り込んでありますので、現実に則してそのまま条項を差し替えれば十分でしょう。

2 オリジナリティあふれる定款をつくりたい場合

本書は、はじめて合同会社を設立する人が、簡単に登記できることを目的に解説しています。したがって、合同会社の自由度を生かして自分だけのルールを持った会社をつくるために、いろいろな事項を記載してオリジナリティあふれる定款にしたいのであれば、行政書士や司法書士といった専門家に相談して決定するのがよいでしょう。

あなただけのオリジナル定款の作成もできる

定款にオリジナリティを追求するのであれば、さまざまなことが可能です。たとえば、私の経験では、写真やイラストを入れた定款をつくったことがあります。設立時近影などとして、創業者の写真を入れることもできますし、設立時の当社のロゴマークなどとしてイラストを入れることもできます。ここまでのチャレンジをした専門家は多くないでしょうから、もしあなたがそこまでこだわりたいのであれば、専門家を探すことが必要になってくるでしょう。

- ☑ 絶対的記載事項を間違えないように記載しよう
- ☑ オリジナルの定款をつくりたい場合は専門家に相談しよう

1名でつくる合同会社の定款　1枚目　1/3

❷収入印紙を貼付する

合同会社パワーコンテンツジャパン定款

第1章　総則

❶会社名を記載する

（商号）
第1条　当会社は、合同会社パワーコンテンツジャパンと称する。

（目的）
第2条　当会社は、次の事業を営むことを目的とする。

1．経営コンサルティング業
2．インターネットでの広告業務
3．書籍・雑誌その他印刷物および電子出版物の企画、制作および販売
4．前各号に付帯する一切の業務

❷事業目的を記載する

❸最後に必ずこの一文を記載する

（本店の所在地）
第3条　当会社は、本店を東京都新宿区上原一丁目2番3号に置く。

（公告の方法）
第4条　当会社の公告は、官報に掲載する方法により行う。

❹ハイフン表記ではなく正式な表記で記載する

第2章　社員及び出資

（社員の氏名、住所、出資及び責任）
第5条　社員の氏名及び住所、出資の価額並びに責任は次のとおりである。

　　金100万円　東京都渋谷区大岡山二丁目3番4号
　　　　　　　有限責任社員　横須賀輝尚

❺社員の住所、氏名、出資金額を記載する

（加入）
第6条　新たな社員を加入させるには、総社員の同意を要する。

（相続による持分の承継）
第7条　財産を出資の目的とした社員が死亡したときは、その相続人は、持分を承継して社員となることができる。

第3章　業務の執行及び会社の代表

（業務執行社員）
第8条　社員横須賀輝尚を業務執行社員とし、当会社の業務を執行するものとする。
（代表社員）
第9条　当会社の代表社員は横須賀輝尚とする。

第4章　計　算

❻ それぞれ該当者の氏名を記載する

（事業年度）
第10条　当会社の事業年度は、毎年4月1日から翌年3月31日までの年1期とする。

❼ 事業年度を記載する

（計算書類の作成）
第11条　業務執行社員は、毎事業年度の終わりにおいて、各事業年度に関する計算書類（貸借対照表、損益計算書、社員資本等変動計算書及び個別注記表）を作成しなければならない。

第5章　附　則

❽一期目の末日を記載する

（最初の事業年度）
第12条　当会社の最初の事業年度は、会社成立の日から平成30年3月31日までとする。

（定款に定めのない事項）
第13条　この定款に定めのない事項については、会社法その他の法令の定めるところによる。

　以上、合同会社パワーコンテンツジャパン設立のため、この定款を作成し、社員が次に記名押印する。

平成29年4月3日　←❾定款作成日を記載する

　　　　　　　　　有限責任社員　横須賀輝尚

❿実印で押印する

⓫訂正用の捨印を押印する

2名でつくる合同会社の定款　1枚目

❶収入印紙を貼付する

合同会社パワーコンテンツジャパン定款

第1章　総則

❶会社名を記載する

（商号）
第1条　当会社は、合同会社パワーコンテンツジャパンと称する。
（目的）
第2条　当会社は、次の事業を営むことを目的とする。

❷事業目的を記載する

1．経営コンサルティング業
2．インターネットでの広告業務
3．書籍・雑誌その他印刷物および電子出版物の企画、制作および販売
4．前各号に付帯する一切の業務

❸最後に必ずこの一文を記載する

（本店の所在地）
第3条　当会社は、本店を東京都新宿区上原一丁目2番3号に置く。
（公告の方法）
第4条　当会社の公告は、官報に掲載する方法により行う。

❹ハイフン表記ではなく正式な表記で記載する

第2章　社員及び出資

（社員の氏名、住所、出資及び責任）
第5条　社員の氏名及び住所、出資の価額並びに責任は次のとおりである。

1．金50万円　東京都渋谷区大岡山二丁目3番4号
　　　　　　有限責任社員　横須賀輝尚
2．金50万円　東京都新宿区本町一丁目2番3号
　　　　　　有限責任社員　佐藤良基

❺社員全員の住所、氏名、出資金額を記載する

（加入）
第6条　新たな社員を加入させるには、総社員の同意を要する。
（相続による持分の承継）
第7条　財産を出資の目的とした社員が死亡したときは、その相続人は、他の社員の承諾を得て、持分を承継して社員となることができる。

第3章　業務の執行及び会社の代表

（業務執行社員）
第8条　社員横須賀輝尚及び佐藤良基を業務執行社員とし、当会社の業務を執行するものとする。

❻業務執行社員になる人の氏名を記載する

（代表社員）
第9条　当会社の代表社員は業務執行社員の互選によって定めるものとする。

第4章　計　算

（事業年度）
第10条　当会社の事業年度は、毎年4月1日から翌年3月31日までの年1期とする。

❼事業年度を記載する

（計算書類の作成）
第11条　業務執行社員は、毎事業年度の終わりにおいて、各事業年度に関する計算書類（貸借対照表、損益計算書、社員資本等変動計算書及び個別注記表）を作成しなければならない。

2名でつくる合同会社の定款　3枚目

第5章　附　則

（最初の事業年度）

第12条　当会社の最初の事業年度は、会社成立の日から平成３０年３月３１日までとする。

❽一期目の末日を記載する

（定款に定めのない事項）

第13条　この定款に定めのない事項については、会社法その他の法令の定めるところによる。

以上、合同会社パワーコンテンツジャパン設立のため、この定款を作成し、社員が次に記名押印する。

平成２９年４月３日　❾定款作成日を記載する

　　　　　　　　　有限責任社員　横　須　賀　輝　尚

　　　　　　　　　有限責任社員　佐　藤　良　基

❿実印で押印する

⓫訂正用の捨印を押印する

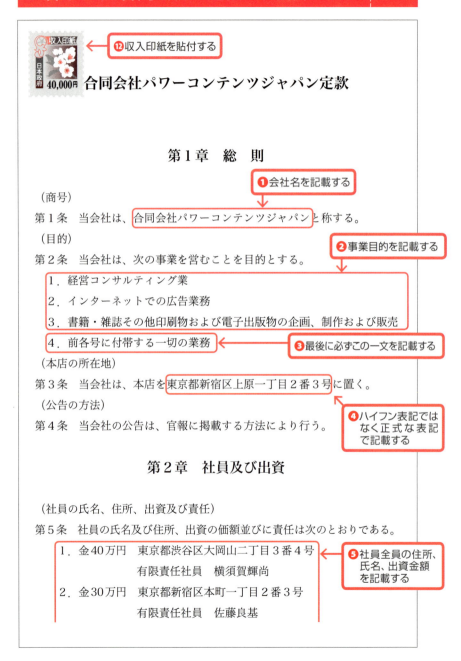

3．金30万円　東京都新宿区本町一丁目2番3号
　　　　　　　　　有限責任社員　佐藤侑哉

（加入）
第6条　新たな社員を加入させるには、総社員の同意を要する。
（相続による持分の承継）
第7条　財産を出資の目的とした社員が死亡したときは、その相続人は、他の社員の承諾を得て、持分を承継して社員となることができる。

第3章　業務の執行及び会社の代表

（業務執行社員）
第8条　社員横須賀輝尚及び佐藤良基を業務執行社員とし、当会社の業務を執行するものとする。

❻業務執行社員になる人の氏名を記載する

（代表社員）
第9条　当会社の代表社員は業務執行社員の互選によって定めるものとする。

第4章　計　算

（事業年度）
第10条　当会社の事業年度は、毎年4月1日から翌年3月31日までの年1期とする。

❼事業年度を記載する

（計算書類の作成）
第11条　業務執行社員は、毎事業年度の終わりにおいて、各事業年度に関する計算書類（貸借対照表、損益計算書、社員資本等変動計算書及び個別注記表）を作成しなければならない。

3名でつくる合同会社の定款　3枚目

第5章　附　則

（最初の事業年度）
第12条　当会社の最初の事業年度は、会社成立の日から平成30年3月31日までとする。

❽一期目の末日を記載する

（定款に定めのない事項）
第13条　この定款に定めのない事項については、会社法その他の法令の定めるところによる。

以上、合同会社パワーコンテンツジャパン設立のため、この定款を作成し、社員が次に記名押印する。

平成29年4月3日　❾定款作成日を記載する

　　　　　　　　有限責任社員　横須賀輝尚　

　　　　　　　　有限責任社員　佐藤良基　

　　　　　　　　有限責任社員　佐藤侑哉　

❿実印で押印する

⓫訂正用の捨印を押印する

法人が入る合同会社の定款　1枚目

　❸収入印紙を貼付する

合同会社パワーコンテンツジャパン定款

第1章　総則

（商号）
第1条　当会社は、合同会社パワーコンテンツジャパンと称する。　❶会社名を記載する

（目的）
第2条　当会社は、次の事業を営むことを目的とする。
1．経営コンサルティング業
2．インターネットでの広告業務
3．書籍・雑誌その他印刷物および電子出版物の企画、制作および販売
4．前各号に付帯する一切の業務

❷事業目的を記載する
❸最後に必ずこの一文を記載する

（本店の所在地）
第3条　当会社は、本店を東京都新宿区上原一丁目2番3号に置く。

❹ハイフン表記ではなく正式な表記で記載する

（公告の方法）
第4条　当会社の公告は、官報に掲載する方法により行う。

第2章　社員及び出資

（社員の氏名、住所、出資及び責任）
第5条　社員の氏名及び住所、出資の価額並びに責任は次のとおりである。
1．金50万円　東京都品川区桜丘三丁目4番5号
　　　　　　有限責任社員　リョウキギョウ株式会社
2．金50万円　東京都渋谷区大岡山二丁目3番4号
　　　　　　有限責任社員　横須賀輝尚

❺社員全員の住所、氏名（法人は本店住所、会社名）、出資金額を記載する

(加入)

第6条　新たな社員を加入させるには、総社員の同意を要する。

(相続による持分の承継)

第7条　財産を出資の目的とした社員が死亡したときは、その相続人は、他の社員の承諾を得て、持分を承継して社員となることができる。

第3章　業務の執行及び会社の代表

❻業務執行社員になる法人名と氏名を記載する

(業務執行社員)

第8条　社員 リョウキギョウ株式会社及び横須賀輝尚 を業務執行社員とし、当会社の業務を執行するものとする。

(代表社員)

第9条　当会社の代表社員は業務執行社員の互選によって定めるものとする。

第4章　計　算

(事業年度)

第10条　当会社の事業年度は、毎年4月1日から翌年3月31日までの年1期とする。

❼事業年度を記載する

(計算書類の作成)

第11条　業務執行社員は、毎事業年度の終わりにおいて、各事業年度に関する計算書類(貸借対照表、損益計算書、社員資本等変動計算書及び個別注記表)を作成しなければならない。

第5章　附　則

（最初の事業年度）
第12条　当会社の最初の事業年度は、会社成立の日から平成30年3月31日までとする。❽一期目の末日を記載する

（定款に定めのない事項）
第13条　この定款に定めのない事項については、会社法その他の法令の定めるところによる。

以上、合同会社パワーコンテンツジャパン設立のため、この定款を作成し、社員が次に記名押印する。

平成29年4月3日　❾定款作成日を記載する

　　　　　　　　有限責任社員　リョウギョウ株式会社

　　　　　　　　　　　代表取締役　佐藤良基

　　　　　　　　有限責任社員　横須賀輝尚

❿有限責任社員の法人代表者印で押印する

⓫実印で押印する

⓬訂正用の捨印を押印する

44 定款を印刷し、押印しよう

定款の作成が済んだら、印刷をします。用紙はA4サイズで片面だけに印刷したものを製本するのが一般的なので、特にこだわりがなければA4の片面印刷にしましょう。

1 定款を印刷する

　定款を印刷する用紙に制限はありません。文具店などで市販されている普通の用紙でも、高級OA和紙などを使用してもかまいません。法律は紙の指定をしていないので、印刷して読めれば大丈夫です。

　ただし、定款は長期保管するので、長期保存に適した用紙を選んでください。感熱紙などの経年劣化するものは避けるようにしましょう。

　定款を作成したら、これまで掲載した定款例やダウンロード書式例などと見比べて、167ページの「登記申請直前チェックリスト」を使い、登記申請書類と一緒に法務局へ提出する前に何度もチェックしてください。株式会社と違って、公証役場などの公的なチェックが入りませんので、細かい点までチェックしましょう。

2 初心者が間違えやすいポイントをチェックする

　特に次に挙げるポイントは間違えやすいので、何度も入念にチェックしてください。不安な場合は、一度つくった定款をもって、法務局の窓口で相談することもひとつの手段です。

- 第〇条という条項がきちんと順序よく並んでいるか？
　……▷書き換えるうちに途中が抜けるので注意

- フォントや行がきちんと合っているか？
　……▷書き換えるうちにバラバラになることがあるので注意

- 印鑑登録証明書どおりに住所や氏名が記載されているかどうか？
  ……▶ **氏名の漢字、住所などは略して書かない**

- 適法な文字を使っているか？
  ……▶ **社名には、使えない文字がある**

- 1月1日から12月31日を営業年度とした場合、誤って「翌年」の文字をつけてしまっていないか？
  ……▶ **年をまたがないのであれば、「翌年」は不要**

- 2月決算で、2月28日までとしていないか？
  ……▶ **2月の場合はうるう年があるので「末日」とする**

- 定款の記載事項などに不備がないか？
  ……▶ **絶対的記載事項が抜けていると補正になるので注意**

- 定款の作成日が空欄のままになっていないか？
  ……▶ **あとで埋めようとしてそのまま提出してしまうことがある**

☑ 保存に適した書類に定款を印刷しよう
☑ 登記申請する前にチェックリストにそって確認しよう

45 定款を製本しよう

定款を作成したら印刷し、誤字脱字がないかチェックをして押印まで終わったら、製本する作業に移りましょう。定款は前述のとおり、法務局提出用と会社保存用に2通作成します。

1 定款をホチキスでとめる

押印まで済んだ定款は、文言が抜けている個所がないかをもう一度チェックしてから、きちんとそろえて左側をホチキスでとめます。特にルールがあるわけではないので、2カ所ほどとめればよいでしょう。

後ほど製本することを考えて、あまり内側に入りすぎない位置でとめておきます。

2 定款を製本する

最後に製本をして仕上げます。製本の仕方には、製本テープを使う方法と使わない方法の2つがあります。製本テープは、市販されている幅25mmの白い製本テープを使用すればよいでしょう。

製本テープを使わない方法だと、すべてのページにわたって社員全員が実印で契印(ページをまたいで押印すること)を押します。製本テープが必要ない代わりに、ホチキスでとめてからすべてのページに契印するので、大変汚れやすいのが難点です。

製本テープを使用する方法は、裏表紙にだけ社員が実印で押印すればいいので、とても簡単ですし、きれいに仕上がります。できれば製本テープを使って製本しましょう。

製本テープを使って製本できたら、定款の裏側に、社員全員が実印で押印すれば完成です。製本テープを使っての製本方法は、次のページの図を参考にしてください。

定款を製本する方法

❶ 作成し、印刷した書類を重ねる

❷ 左側をホチキスでとめる

❸ ホチキスでとめたうえで製本テープを貼る

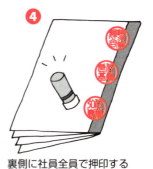

❹ 裏側に社員全員で押印する

❺ この作業を繰り返して、2部作成する

- ☑ 25mmサイズの製本テープが便利
- ☑ 製本したあと、もう一度内容の確認をしよう

Column

電子定款と紙でつくる定款の違い

　定款は紙でつくっても、電子定款でつくってもどちらでも法律上は問題ありません。両者の一番大きな違いは、印紙税がかかるのか、かからないのかの違いになります。

　印紙税は紙でつくる契約書などに課税されます。定款の場合は4万円の収入印紙を貼付する必要があります。貼付しない場合は、本来納めるはずの印紙税の3倍の過怠税が課税されることになります。「どうせバレないから大丈夫」とは考えずに、必ず定款を紙で作成した場合には4万円の収入印紙を貼付してください。

　とはいえ、電子定款をつくるためには電子証明書を取得したり、電子署名を付与するためのソフトを購入したりと環境を整備する必要があります。会社をつくることを業とする司法書士や行政書士などの専門家は、投資として費用をかけて環境を整備することは当然かもしれませんが、一度だけ会社をつくるためにそこまでお金をかけて環境を整備する必要があるのか、と疑問に思うかもしれません。

　その場合は、定款だけ行政書士に依頼して電子定款をつくってもらうという方法もあります。事前に見積もりをもらうなどして準備を進めてください。定款をつくる手間が省けるだけでも手続きのハードルはだいぶ低くなるのではないでしょうか。

　ちなみに株式会社の場合には、公証役場にて公証人の定款認証の手続きがあるため、その場で必ず4万円の収入印紙を貼付することになります。合同会社の場合には定款認証がないため、自己責任で貼付することになります。あとで過怠税が課せられないように必ず貼付してください。

第8章
資本金の証明をつくろう

46 資本金を振り込もう　130

47 現物出資で資本金を増やそう　134

Column 資本金の証明は、口座振込だけではない　138

46 資本金を振り込もう

定款を作成したら、次は資本金を振り込み、「資本金の証明」をつくります。資本金は個人の銀行口座に振り込み、その通帳のコピーを取ることで、資本金の証明とします。ここでは振り込みの方法から証明書の作成まで行います。

1 口座に資本金を振り込む

「資本金の証明」は、登記申請の際に、会社の資本金が定款に記載された額面どおりにあることを証明するために作成します。この書類を「払込証明書」、または「証明書」といいます。資本金の振込先は、代表社員の個人口座になります。出資する社員が複数名いる場合には、全員が振り込む必要があります。既存の口座を使用してもかまいません。その場合は、資本金とそのほかのお金が混ざってあとからわからなくならないように注意してください。

振り込むときの注意点は、振込明細に個人名が明記されるように、「振り込み」で処理します。現在は「預け入れ」でも登記をすることは可能ですが、社員が複数の場合は誰がいくら払い込んだかわかるように「振り込み」のほうがよいでしょう。社員が複数の場合で、なおかつそれぞれの出資額に差がある場合には、振込額の合計が資本金の額と合うように、特に注意してください。

2 払込証明書をつくろう

資本金を振り込んだら、それをもとに資本金の証明となる証明書を作成します。この証明書は登記申請の際に必ず必要となりますので、間違いのないように作成しましょう。

払込証明書となるのは、通帳をコピーして作成したものになります。

まず、資本金を振り込んだ口座の通帳を準備して、❶通帳表紙、❷通帳表紙裏面（銀行名、口座番号、名義人が記載されているもの）、

❸実際に誰がいくら振り込んだのかがわかる振込明細のある面の3カ所をコピーします。印字されている文字が写るよう、コピーを濃い目に取りましょう。

3 払込証明書（表紙にあたる部分）を作成する

次に、表紙にあたる「払込証明書」を作成します。払込証明書は、書式を参考に作成すれば問題なくつくれるでしょう。気をつけるポイントは、資本金として口座に振り込んだ金額が、間違いなく記載してあるかを確認することです。払込証明書に記載する日付は、実際に資本金を振り込んだ日付以降の日を記入します。社員が複数名いて振込日が異なる場合は、最後に振り込まれた日以降の日付を記入してください。

払込証明書への押印は、「会社代表者印」を使用します。資本金を振り込むのは各社員ですが、使用するのは個人の実印ではなく「会社代表者印」になるので、注意が必要です。なお、万が一補正を受けた場合に備えて、念のために捨印を押しておきましょう。

4 書類を合わせて製本する

払込証明書が完成したら、先ほどの通帳のコピーとまとめます。用紙を重ねるようにしてホチキスでとめ、各ページに「会社代表者印」で契印を押してください。各書類にまたがるように押すので、印影が紙でこすれてにじまないように気をつけましょう。

こうして通帳のコピーと払込証明書をホチキスでとめたものを、「払込証明書」として設立申請書類のひとつとして提出します。提出する前には、167ページの「払込証明書のチェックリスト」を使って、もう一度確認してからにしましょう。

- ☑ 代表社員の個人口座に資本金を振り込もう
- ☑ 社員が複数の場合には、振込処理で名前を記録しよう

払込証明書

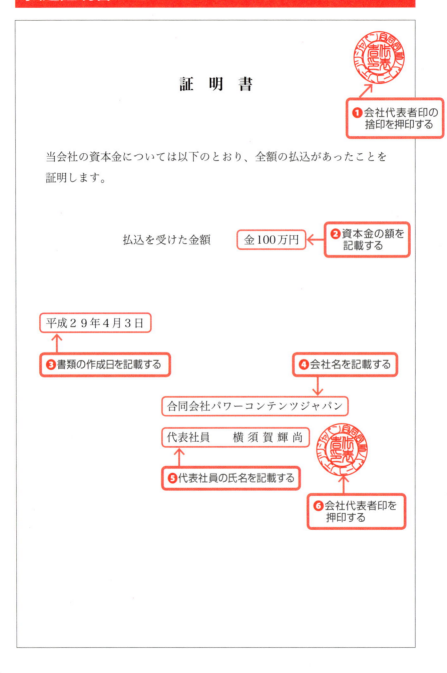

振込証明書の作成方法

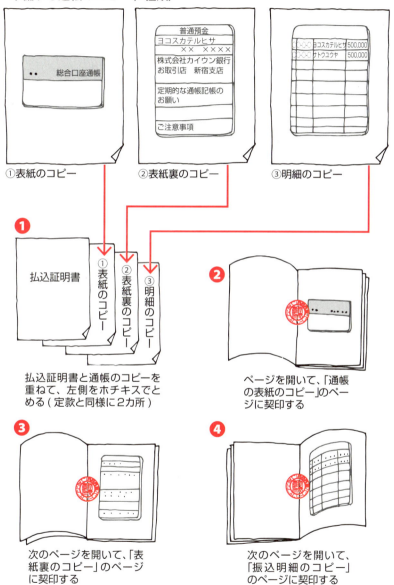

47 現物出資で資本金を増やそう

資本金として出資ができるのは金銭のみとは限りません。個人事業主のときに事業用として取得したものなどを出資することも可能です。金銭のみの出資とは違う「現物出資」の制度について見ていきましょう。

1 現物出資とは？

　合同会社や株式会社の資本金は、一般的には金銭の出資によって行われますが、金銭以外のものを出資することも可能とされています。「金銭だけでは信用としては物足りない金額である」「個人事業主のときに購入した備品を法人でも使用する」というときに現物出資の制度を検討する方が多いようです。

2 現物出資とは、どんなもので出資できるのか？

　現物出資として出資できるものは、動産・不動産・債権など多岐にわたります。一般的には、パソコンや備品などが多いようです。財産の価額が500万円を超える場合に、株式会社の場合は税理士や不動産鑑定士など専門家の証明書が必要になりますが、合同会社の場合は不要です。しかし、課税上・法律上のリスクがありますので、その場合は必ず専門家のアドバイスを受けたほうがよいでしょう。

　合同会社の場合、パソコンや備品などの動産についてのみ考慮するのがよいでしょう。

3 金銭出資設立との大きな違いとは？

　金銭出資と違い、現物出資の場合、評価額を決定する必要があります。資本金は○○万円と金額に換算する必要があるからです。実際の価値より低く評価すると資本金は増えませんし、高く評価すると課税されるおそれがありますので注意が必要です。

4 資本金の額の計上に関する証明書をつくろう

　現金のみを出資する場合は、「資本金の額の計上に関する証明書」は不要ですが、現物出資を行った場合は添付が必要になります。忘れずにつくるようにしてください。

現物出資を使えば資本金が潤沢にあるように見せることもできる

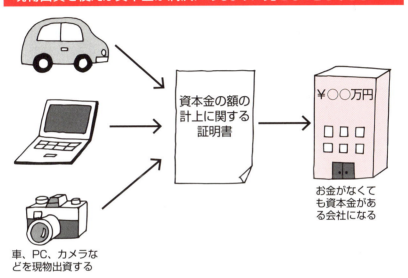

- ☑ 現物出資をすれば、現金がなくても資本金を増やすことができる
- ☑ 現物出資をする場合は、添付書類が増えるので注意しよう

資本金の額の計上に関する証明書

資本金の額の計上に関する証明書

❶会社代表者印の捨印を押印する

① 払込を受けた金銭の額（会社計算規則第４３条第１項第１号）

❷金銭出資の金額を記載する　→　金50万円

② 給付を受けた金銭以外の財産の出資時における価額
（会社計算規則第４３条第１項第２号）

❸現物出資の金額を記載する　→　金50万円

③ ①＋②　　　　　　　　　　　　　　　　　　　金100万円

資本金100万円は会社計算規則第４３条の規定に従って計上されたことに相違ないことを証明する。

平成２９年４月３日　←　❹書類の作成日を記載する

❺会社名を記載する

合同会社パワーコンテンツジャパン

代表社員　　横須賀輝尚

❻代表社員の氏名を記載する

❼会社代表者印を押印する

資本金の額の計上に関する証明書 （法人が入るタイプ）

資本金の額の計上に関する証明書

❶ 会社代表者印の捨印を押印する

① 払込を受けた金銭の額（会社計算規則第４３条第１項第１号）

❷ 金銭出資の金額を記載する → 金50万円

② 給付を受けた金銭以外の財産の出資時における価額
（会社計算規則第４３条第１項第２号）

❸ 現物出資の金額を記載する → 金50万円

③ ①＋②　　　　　　　　　　　　　　　　　　金100万円

資本金100万円は会社計算規則第４３条の規定に従って計上されたことに相違ないことを証明する。

平成２９年４月３日　← ❹ 書類の作成日を記載する

❺ 設立する合同会社の会社名を記載する

合同会社パワーコンテンツジャパン

❻ 代表社員となる法人名を記載する → 代表社員　　リョウキギョウ株式会社

職務執行者　佐藤良基

❼ 選任された職務執行者の氏名を記載する

❽ 合同会社の代表者印を押印する

Column

資本金の証明は、口座振込だけではない

　資本金の払込証明書は、一般的には通帳の写しを綴じたものになります。最近では通帳が存在しないネット専用口座も増えてきたため、画面のキャプチャーを印刷したものでも認められています。その場合には、銀行名・支店名・口座名義人・預金の種類・払込該当部分が記載されたページが必要になります。

　また、合同会社に関しては、資本金の証明に関して幅広く認められています。そのうちのひとつが「領収書」です。出資してもらった社員宛に「合同会社○○　代表社員□□」という名義で発行した領収書に合同会社の会社代表者印を押印したものがそれにあたります。

　払い込みを証する書面に、その領収書を綴じて割り印をすれば、それで登記手続きをすることが可能になります。

　この方法は株式会社の場合には認められていない特殊な方法です。

　万が一、口座がない場合や、外国人が代表社員になる場合など、苦肉の策として選択肢に入れておくとよいでしょう。

　この方法を取る場合の注意点として、お金の動きがなくても領収書だけで登記ができてしまうことです。

　実際はそこまでのお金がないのに、あると見せかけた資本金の登記ができてしまいます。これは「見せ金」といって違法な行為になりますので、絶対にやめてください。

第9章
法務局に登記申請をしよう

48 合同会社の添付書類をつくろう（社員1名の場合）　140

49 合同会社の添付書類をつくろう（社員2名の場合）　142

50 合同会社の添付書類をつくろう（社員3名の場合）　146

51 合同会社の添付書類をつくろう（法人が社員の場合）　148

52 設立登記申請書をつくろう　152

53 登記すべき事項を提出しよう　156

54 印鑑届書を作成しよう　162

55 登記申請書を製本しよう　164

56 法務局で登記申請をしよう　168

Column　ここまで進化した法務局のインターネットサービス　170

48 合同会社の添付書類をつくろう（社員1名の場合）

社員が1名の合同会社では、「資本金決定書」という添付書類をつくります。この書類は、合同会社の資本金を正確に決めるために作成しなければなりません。書式をよく参照しながら、間違えないように作成してください。

1 「資本金決定書」をつくる

「資本金決定書」は、合同会社の資本金を決定したことを証明するために作成します。

　作成のポイントは、資本金の額を間違えないように記入すること、また社員としての名前の記載を間違えないことです。個人の実印を押し、念のため捨印も上部余白に押しておきましょう。捨印を押しておけば、万一の補正の際にも、訂正がスムーズになります。

　また、定款記載の本店所在地が最小行政区画（○○市、○○区）までの記載の場合、本店所在地決定書が別途必要になりますが、資本金の決定と本店所在地の決定を1枚の書面で兼ねることも可能となります。その場合は「資本金及び本店所在地決定書」となります。

　シンプルな書類になりますが、シンプルな書式をつくるときほど、ケアレスミスが出るものです。コピー＆ペーストの間違いや、住所氏名の間違いをしないなど、基本的なミスをしないように心がけましょう。特にダウンロード書式をつかう場合には、データの修正忘れがあることが多いので、注意が必要です。

☑資本金決定書を作成しよう
☑シンプルな書類だが、念のため捨印を押しておく

資本金決定書

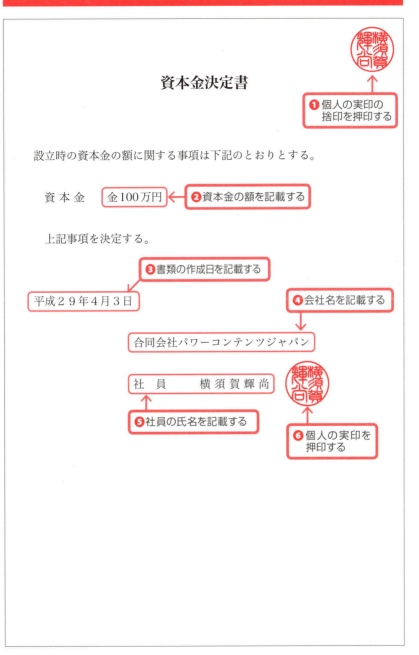

49 合同会社の添付書類をつくろう（社員2名の場合）

社員2名で合同会社をつくり、1名を代表社員に選ぶ場合の添付書類をつくります。この場合、「代表社員及び資本金決定書」と「代表社員の就任承諾書」をつくります。

1 「代表社員及び資本金決定書」を作成する

社員2名で合同会社をつくり、そのどちらか1名を代表社員に選ぶ場合の添付書類には、「代表社員及び資本金決定書」と「代表社員の就任承諾書」があります。

社員1名の合同会社のときは「資本金決定書」という書類でしたが、社員2名では「代表社員及び資本金決定書」という書類になります。内容はほとんど変わりませんが、代表社員の住所氏名、資本金の額などを間違えないように記載するのがポイントです。

また、2名になった分だけ社員の記名押印が増えますので、記載漏れ、押印忘れのないように注意してください。

本店所在地を定款で決めていない場合については、社員が1名の場合と同様です。その場合は「代表社員、本店所在地及び資本金決定書」または「社員の決定書」と簡略化することも可能です。

2名でつくる場合は、1名が牽引し、残りの1名が素直に流れに従うことがスムーズな手続きのポイントです。経営も同じですが、船頭が多いとものごとは進みません。最初のうちに、どちらが主体になって手続きを進めるのか、事前に話し合ったうえで進めるのがよいでしょう。

代表社員及び資本金決定書（2名用）

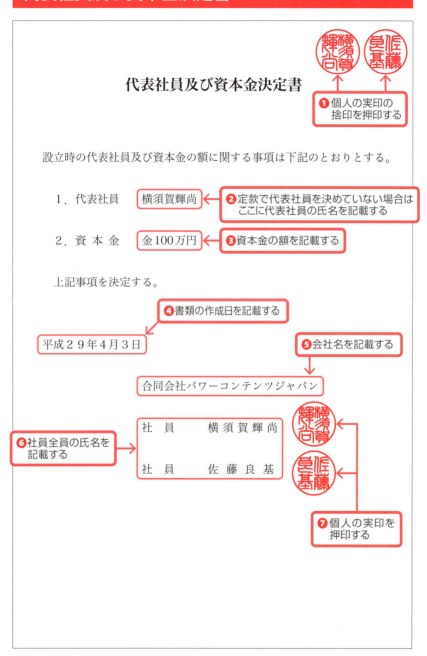

2 「代表社員の就任承諾書」を作成する

　社員2名の合同会社では、2名のうちどちらかを代表社員にすることができます。その代表となる社員が就任を承諾したことを証する書類が「代表社員の就任承諾書」です。

「代表社員の就任承諾書」の押印は、すべて実印で行ってください。

「代表社員の就任承諾書」に記載する日付は、定款作成の日付と合わせるようにしてください。書類の作成日も同じです。代表社員となる人の住所と氏名を正確に記載すれば、書類は完成です。大きく間違えてしまうことはないでしょう。

定款と就任承諾書の日付をそろえる

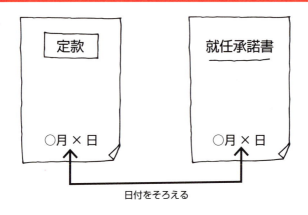

- ☑ 社員2名の場合は、代表社員を決める必要がある
- ☑ 認印ではなく、実印で押印する必要があるので注意

就任承諾書（2名でつくる合同会社）

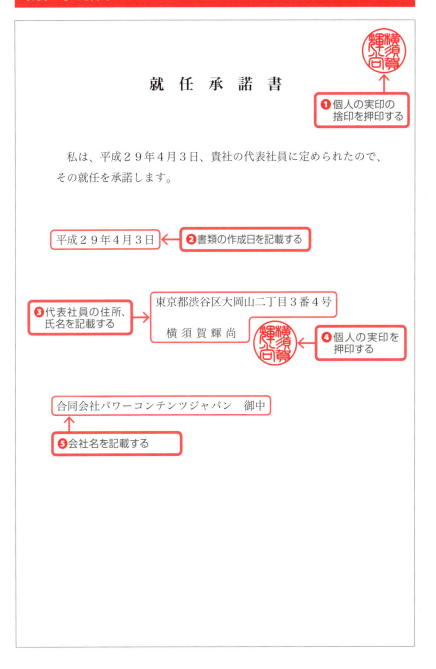

50 合同会社の添付書類をつくろう（社員3名の場合）

ここでは社員3名で、業務執行社員を2名選出し、そのうち1名を代表社員とする場合の添付書類について解説します。このうち、業務執行社員とならない最後の1名は、業務執行権を持たない社員となります。

1 出資しても経営に参加しない人をつくる

このケースでは、業務を執行する社員が2名になり、そのいずれかを代表社員に決めています。ですから、代表社員に選ばれた人は、その就任を承諾する証明として「就任承諾書」をつくらなければなりません。

「就任承諾書」の内容は、2名でつくる合同会社のものとまったく同じです。145ページの書式を参考に作成してください。

そのほか、別パターンの設立と同じく、「代表社員及び資本金決定書」をつくる必要があります。

つくる添付書類は、「2名でつくる合同会社」と基本的に変わりません。ただし、「代表社員及び資本金決定書」の書類では、記名押印する人が1名増えますので、その点には気をつけてください。

3名でスムーズに手続きを進めたい場合も、手続きを進めるリーダー的な人をひとり決めておくとよいでしょう。

印鑑登録証明書の取得などは、各自で行わなければなりませんが、やはり手続きそのものは、誰かがひとり牽引するほうが、スムーズにことが運ぶようです。

☑ 社員2名でつくる場合の書類と混同しないようにしよう
☑ 社員が増える場合は、各押印ミスがないようにしよう

代表社員及び資本金決定書（3名でつくる合同会社）

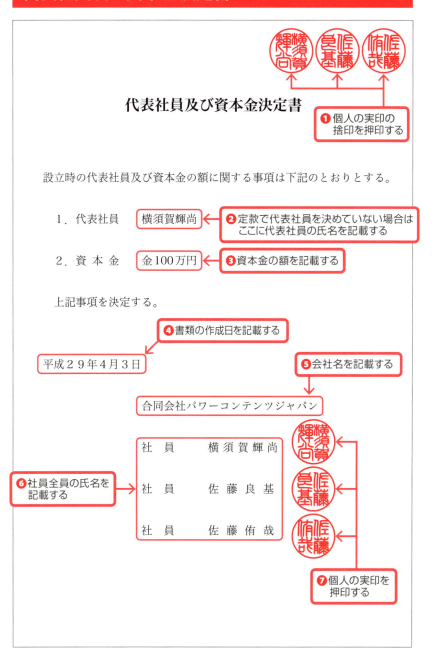

51 合同会社の添付書類をつくろう（法人が社員の場合）

社員に法人が入り、その法人が代表社員になる場合です。社員は法人でも、実際に合同会社の職務を行うのは人間である個人になります。つまり、その法人に属している誰か（職務執行者）が、合同会社の業務を行うことになるわけです。

1 個人として押印するのか、法人として押印するのか

　就任承諾書は、社員となる法人がその証明として記名押印します。法人が社員となった場合、その法人の中から合同会社の業務を行う「職務執行者」を選びます。この職務執行者が、具体的な合同会社の業務を遂行していくことになるのです。ただし、社員としての就任承諾書は法人として記名押印することになります。そのため、就任承諾書では会社代表者印での押印が必要になります。

　また、法人としての就任承諾書とは別に、職務執行者は、「職務執行者に選任されたことの就任承諾書」を作成する必要があります。このように、代表社員として法人が押印するのか、職務執行者が個人として押印するのかを見分けることがポイントになります。

2 職務執行者選びのポイント

　151ページの「職務執行者の選任に関する証明書」は、取締役会議事録を想定しています。役員の中から職務執行者を選任する場合は、そのまま使用してください。そのほか、「登記事項証明書」も用意します。「代表社員及び資本金決定書」と「就任承諾書」は、これまでのパターンと同じですが、内容が少し異なります。

☑ 法人が社員になる場合は必要書類が増えるので注意しよう
☑ 法人が社員になる場合は登記事項証明書を用意しよう

代表社員及び資本金決定書（法人が入るタイプ）

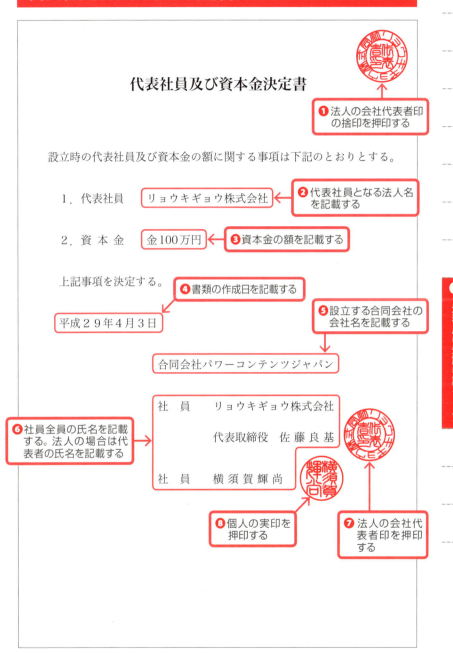

就任承諾書（法人用）

　　　　　就 任 承 諾 書

　私は、平成２９年４月３日、貴社の代表社員に定められたので、その就任を承諾します。

平成２９年４月３日　← ❷書類の作成日を記載する

❸代表社員となる法人の住所、会社名、代表者を記載する →
　東京都品川区桜丘三丁目４番５号
　　リョウギョウ株式会社
　　代表取締役　佐藤　良基

　合同会社パワーコンテンツジャパン　御中
　↑ ❺設立する合同会社の会社名を記載する

❶法人の会社代表者印の捨印を押印する

❹代表社員となる法人の代表者印を押印する

就任承諾書（職務執行者用）

❶個人の実印の捨印を押印する

　　　　　就 任 承 諾 書

　私は、平成２９年４月３日、合同会社パワーコンテンツジャパン代表社員の職務執行者に選任されたので、その就任を承諾します。

平成２９年４月３日　← ❸書類の作成日を記載する

❷このように記載する

❹職務執行者の住所、氏名を記載する →
　東京都新宿区本町一丁目２番３号
　　佐藤　弘恵

　リョウキョウ株式会社　御中
　↑ ❻代表社員の法人名を記載する

❺個人の実印を押印する

職務執行者の選任に関する証明書

取締役会議事録

❶捨印を押印する

❷法人の役員数を記載する

平成29年4月3日午前9時00分当会社の本店において、取締役3名(総取締役数3名)出席のもとに、取締役会を開催し、下記議案につき可決確定のうえ、午前9時30分散会した。

❸設立する合同会社の会社名を記載する

1．職務執行者選任の件

取締役佐藤良基は選ばれて議長となり、今般合同会社パワーコンテンツジャパンの代表社員として当会社が選定されることに伴い、職務執行者を選任したい旨を述べ、慎重協議した結果、全員一致をもって次のとおり選任した。

なお、被選任者は、その就任を承諾した。

職務執行者　　佐藤弘恵　　❹職務執行者の氏名を記載する

上記の決議を明確にするため、この議事録をつくり、出席取締役の全員がこれに記名押印する。

平成29年4月3日　❺取締役会の決議日を記載する

リョウキギョウ株式会社

議長・代表取締役　　佐藤良基

出席取締役　　佐藤弘恵

出席取締役　　佐藤由菜

❻出席取締役全員の氏名を記載する
❼法人代表者印を押印する
❽個人の実印を押印する

52 設立登記申請書をつくろう

これまで合同会社の設立を想定したパターンごとに添付書類をつくってきました。あとは登記申請書を作成して、製本すれば準備は終盤まできたことになります。その後、印鑑届書などの書類をつくることになりますが、その前に登記申請書を作成しましょう。

1 「登記申請書」を作成する

登記申請書を作成しながら、最終的に必要になる書類などをチェックしていきましょう。

「設立登記申請書」は、掲載した書式を参考に作成してください。押印は「会社代表者印」で行います。すべての記載が終了し、チェックも済ませたら、「収入印紙」を登記申請書の余白に貼り付けます。

収入印紙は6万円分です。収入印紙は高額ですので、もし貼る場所がわからなかった場合は、そのまま法務局に持って行き、貼る場所を相談してからにしましょう。

収入印紙は法務局で購入することもできますが、郵便局で購入することもできます。そのため、登記申請時に購入することも可能ですが、不安な場合は、郵便局で事前購入しておいてもよいでしょう。

登記申請書には、日中連絡の取れる電話番号と担当者を記入します。これは、補正があった場合に法務局からの連絡を受けるためのものです。登記完了は原則、自分で確認しなければいけません。念のため、提出の際に、登記の完了をどのように確認すればいいのかを尋ねておきましょう。

- ☑ 収入印紙を郵便局等で購入しよう
- ☑ 高額の印紙なので、貼り付け時は慎重に

登記申請書（1名でつくる合同会社）

❶ 会社代表者印の捨印を押印する

合同会社設立登記申請書

❷ 会社名を記載する

	フリガナ	パワーコンテンツジャパン
1．商　　　号		合同会社パワーコンテンツジャパン
1．本　　　店		東京都新宿区上原一丁目2番3号
1．登 記 の 事 由		設立の手続終了
1．登記すべき事項		別添CD-Rのとおり
1．課税標準金額		金100万円
1．登録免許税		金6万円
1．添 付 書 類		定款　　　　　　1通
		資本金決定書　　1通
		払込証明書　　　1通

❸ 正式な住所を記載する

❹ 資本金の額を記載する

上記のとおり登記の申請をします。

平成29年4月3日　　❺ 提出日（設立日）を記載する

❻ 会社の住所と会社名を記載する
→ 東京都新宿区上原一丁目2番3号
　申請人　合同会社パワーコンテンツジャパン

❼ 代表社員の住所、氏名を記載する
→ 東京都渋谷区大岡山二丁目3番4号
　代表社員　　横須賀輝尚

❽ 会社代表者印を押印する

❾ 連絡先を記載する
→ 連絡先　　TEL 090-0000-0000

東京法務局　新宿出張所　御中

❿ 提出先の法務局を記載する

⓫ 余白に収入印紙を貼る

収入印紙　60,000円

9　法務局に登記申請をしよう

登記申請書 （2名もしくは3名でつくる合同会社）

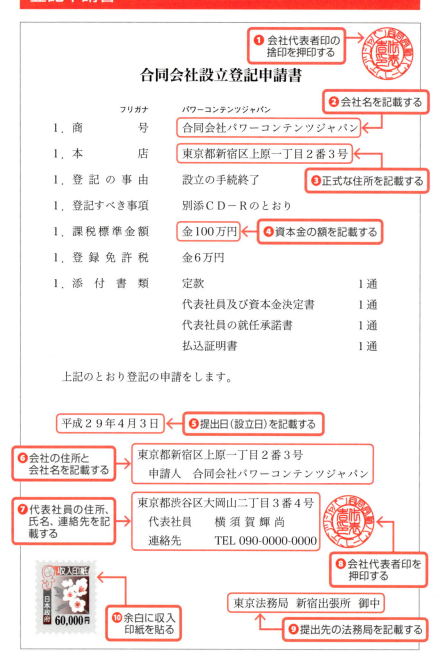

登記申請書（法人が入るタイプの合同会社）

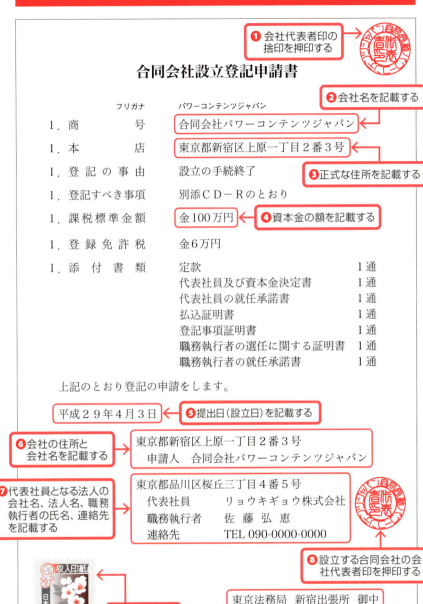

53 登記すべき事項を提出しよう

従来は登記すべき事項に「OCR用申請用紙」を用いていましたが、現在はOCR用申請用紙の配布は終了しています。登記すべき事項のデータをCD-Rなど「電磁的記録媒体」に入れて提出する方式について見ていきましょう。

1 「電磁的記録媒体による提出方式」による登記すべき事項の提出

法務局が以前無料配布していた「OCR用申請用紙」は配布サービスを終了しました。したがって、このサービスを利用することはできません。

現在ではCD-RやDVD-Rなどの「電磁的記録媒体」に登記すべき事項のデータを入力して提出することが、もっとも簡単な方法になります。

法務省のウェブサイトにも詳しい情報が掲載されていますので必ず事前に確認してください。

> 法務省「商業・法人登記申請における登記すべき事項を記録した電磁的記録媒体の提出について」
> http://www.moj.go.jp/MINJI/MINJI50/minji50.html

2 「オンライン提出方式」による登記すべき事項の提出

平成23年から新設された「オンライン提出方式」では、インターネットを使ってオンラインで登記すべき事項を提出できます。

登記のオンライン申請とは違い、あくまで紙で登記申請書や添付書類を提出することについて変わりはありませんが、登記すべき事項については「申請用総合ソフト」を利用することにより簡単に提出することができます。またソフトを利用するにあたり、電子署名や電子証明書を事前に準備する必要もありません。

登記の完了や補正の連絡は、オンラインによってリアルタイムに受けることができます。
　これまで、「登記の完了」についてはこちらから確認の連絡を入れるか、登記簿謄本を取得することでしか完了の確認ができませんでした。しかし、完了のお知らせの連絡が入るので大変便利な機能です。
　法務省のウェブサイトに「オンライン提出方式」についての詳細が掲載されておりますので、ぜひ参考にしてください。

法務省「登記・供託オンライン申請システムによる登記事項の提出について」
http://www.moj.go.jp/MINJI/minji06_00051.html

☑ CD-RまたはDVD-Rを用意しよう
☑ 誤字脱字がないように注意して入力しよう

登記すべき事項（社員1名用）

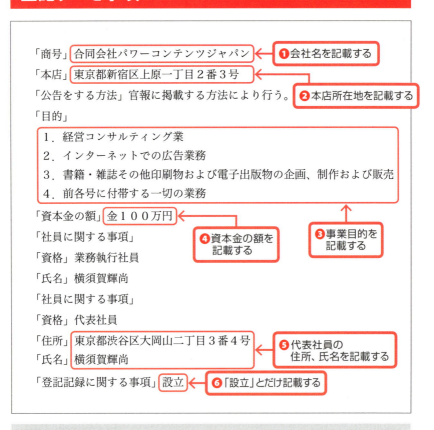

法務省ホームページに記載されている注意事項

　申請書に記載する事項のうち、登記すべき事項について、申請書の記載に代えて電磁的記録媒体（これに準ずるものを含む。以下同じ。）を提出することができます（商業登記法第17条第4項）。この制度は、電磁的記録媒体自体が申請書の一部となりますので、電磁的記録媒体の内容を別途印刷して添付する必要はありません。
　なお、電磁的記録媒体の作成に当たっては、次の点に御留意ください。

1　電磁的記録媒体の種類
　ア　CD-ROM（120mm、JIS X 0606形式）
　イ　CD-R（120mm、JIS X 0606形式）
　ウ　DVD-R（120mm、JIS X 0610形式）
　エ　DVD-ROM（120mm、JIS X 0610形式）
2　記録の方法
　(1) 文字コードは、シフトJIS（※）を使用し、すべて全角文字で作成してください。
　(2) 文字フォントは、「MS明朝」、「MSゴシック」等いずれのフォントを使用していただいても構いません。
　(3) 使用する文字は、Microsoft® Windows® 端末で内容を確認することができるもので作成願います。特に、(1)、(2)、(3) 等の文字は、OSが異なると文字化けすることがありますので御留意ください。
　(4) タブ(Tab)を使用しないでください。字下げや文字の区切り等により空白が必要な場合は、スペース（全角）を使用してください。
　(5) 数式中で使用する分数の横線は、「―」(シフトJISの0X849F（区点：0801））を使用してください。
　(6) ファイルは、テキスト形式で記録し、ファイル名は、「(任意の名称).txt」としてください。(例 株式会社・設立.txt)。
　(7) 電磁的記録媒体には、フォルダを作成しないでください。
　(8) 1枚の電磁的記録媒体には、1件の申請に係る登記すべき事項を記録してください。
　(9) 電磁的記録媒体には、申請人の氏名（法人にあっては、商号又は名称）を記載した書面をはり付けてください。

※　シフトJISであっても、JIS X208に含まれないIBM拡張文字、NEC選定IBM拡張文字及びWindows外字はご利用いただけませんので、御注意下さい。

登記すべき事項（社員2名用）

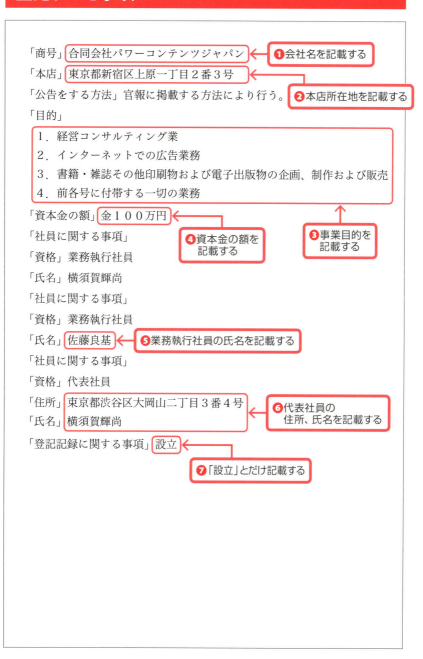

登記すべき事項（社員3名用）

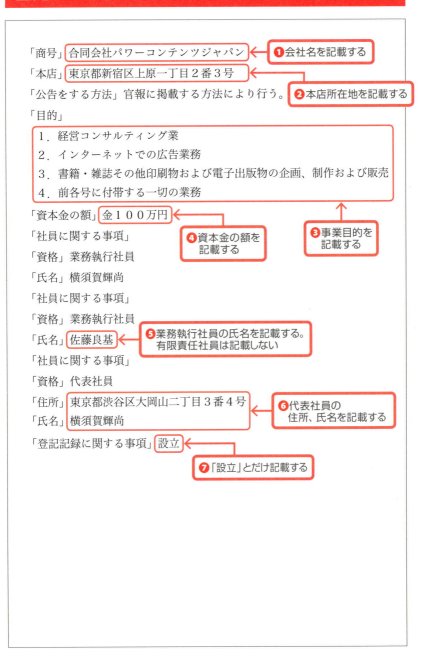

登記すべき事項 （法人が入るタイプ）

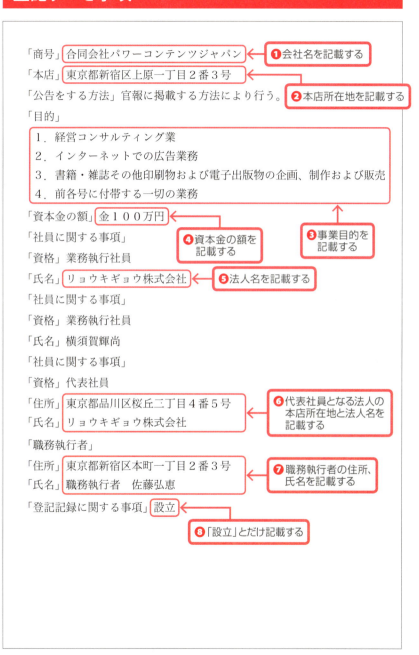

54 印鑑届書を作成しよう

会社代表者印を登録するために、「印鑑届書」を作成します。「印鑑届書」は、法務局でもらっておいた所定の用紙か法務局のウェブサイトからダウンロードしたものを使います。この届出で、会社の印鑑（会社代表者印）が登録されます。

1 「印鑑届書」を作成する

　合同会社設立後は、「印鑑届書」で使用した「会社代表者印」が合同会社の印鑑登録証明書記載の印鑑になり、契約などで使う大切な印鑑となります。個人の印鑑登録と同じように、「印鑑カード」も発行されます。

　印鑑届書への具体的な記入方法は、記載例を見てください。これは手書きの記入でかまいません。もし行間を合わせられるようでしたら、パソコンで印字しても大丈夫です。

　左上が会社代表者印で押印するところです。中段右側は個人の実印で押印する場所なので、間違えずに押印しましょう。

　ここで押した会社代表者印の印影が、そのまま印鑑登録証明書の印影になります。丁寧に押さないと、印鑑登録証明書記載の印鑑が鮮明でなくなってしまうため、きれいに押せたものを使いましょう。

　なお、細かい点ですが、押印する場合には、スタンプマットをつかうときれいに押印することができます。マットがなくても押印はできますが、固い机の上などで押印すると、印影がはっきり出ないこともあります。そこで、鮮明に押印するためにも、100円ショップなどでスタンプマットを購入しておくとよいでしょう。設立時は契約などで押印する機会も多いので、1枚あると重宝します。

- ☑ 印鑑は鮮明に印字されるように丁寧に押印しよう
- ☑ 代表者印が間に合うように印鑑は早めの注文を

印鑑（改印）届書

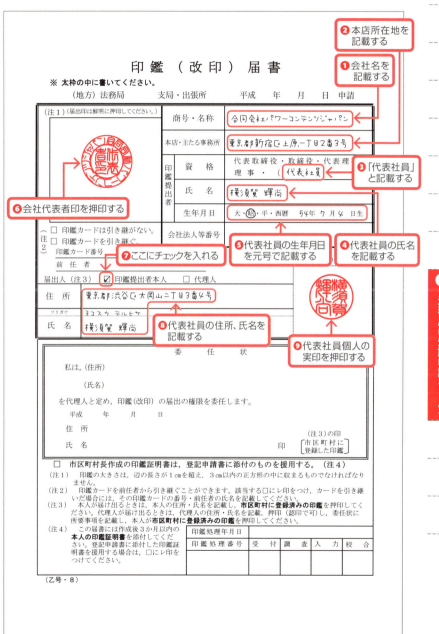

55
登記申請書を製本しよう

ここまでの書類が作成できたら、あとは代表社員となる人の印鑑登録証明書を合わせれば、合同会社を設立するために必要な登記申請書が完成します。合同会社のパターンによって必要な書類が異なります。書類の抜けや必要ない書類が混じっていないかを確認しましょう。

1 必要な書類を確認し、製本する

　合同会社の設立を4つのケースに分けて説明してきました。それぞれのケースごとに、次のページの図の順番で重ねていきましょう。

　印鑑登録証明書は、市区町村によって用紙のサイズが異なります。もしもA4サイズより小さい場合には、定款や申請書類を印刷したA4サイズの用紙にのり付けしてください。

　印鑑届書以外のすべての書類を重ねて、左側をホチキスでとめます。印鑑届書は、ホチキスどめして製本した登記申請書と合わせて、1カ所をクリップでとめます。間違っても一緒に製本してしまわないように、166ページの図を参考にしながら製本してください。

　おそらく図を見ればわかると思いますが、それでも高額の印紙を貼り付ける書類です。どうしても製本する前に不安であれば、綴じずに法務局に持っていき、窓口で相談しながら最後の製本をするというのもありでしょう。設立手続きは何度も何度もするものではありませんので、最初に時間をかけたとしても、大きな問題ではありません。重要なのは、間違いなく設立申請し、会社が登記されるということ。新しい会社の門出が設立登記。最後の登記完了まで、問題なく進めたいものです。

☑ 印鑑届書は綴じずにクリップでとめるだけなので注意する
☑ 印鑑登録証明書が小さいサイズの場合は台紙をつけよう

必要な設立申請書類の確認

❶ 1名でつくる合同会社の登記申請書類

❷ 2名でつくる合同会社の登記申請書類

❸ 3名でつくる合同会社の登記申請書類

❹ 法人が社員として入る合同会社の登記申請書類

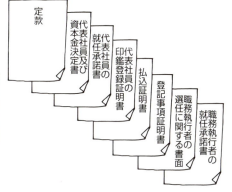

※印鑑登録証明書などの書類がA4用紙よりも小さい場合には……

A4用紙にのり付けする

設立書類の製本方法

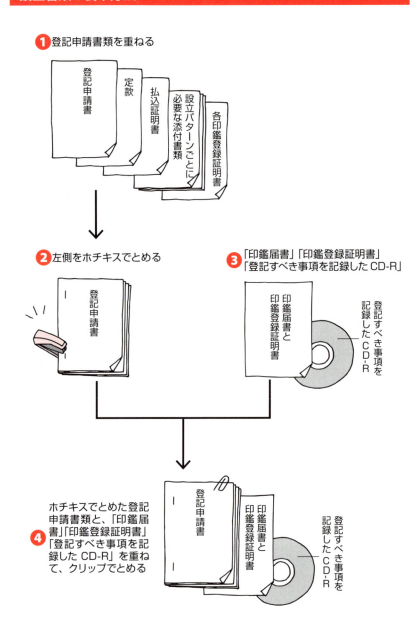

登記申請直前チェックリスト

チェック項目	☑
登記申請書の記載、押印は間違いないか？	
登記申請書に連絡先の記載はあるか？	
登記申請書に収入印紙6万円分は貼り付けてあるか？	
添付書類に間違いはないか？	
払込書の金額、日付に間違いはないか、コピーと払込書に契印はあるか？	
登記すべき事項に間違いはないか？	
印鑑届書の記載が間違っていないか？	
印鑑登録証明書の有効期間は大丈夫か？	
定款に収入印紙4万円分は貼ってあるか？（電子定款の場合は不要）	

払込証明書のチェックリスト

チェック項目	☑
通帳のコピーは鮮明か？	
通帳の表紙のコピーはすべてあるか？	
通帳のコピーに銀行名、口座番号、名義人の記載はあるか？	
振込明細に発起人の氏名が確認できるか？	
払込証明書の資本金の額が合っているか？	
会社代表者印での押印はしてあるか？	
捨印・契印は問題なく押されているか？	
本店、商号、代表者氏名に誤りはないか？	

56 法務局で登記申請をしよう

作成した登記申請書を持って、管轄の法務局で登記申請をしましょう。申請日が会社の設立日になるので、日付を選んで申請をしましょう。ただし、土日祝日や年末年始は法務局が閉まっているので、登記申請はできません。設立日には注意してください。

1 郵送ではなく、直接法務局へ持って行く

登記申請は、申請書類を法務局へ郵送することもできます。ただし、郵送の場合は途中で書類が紛失する可能性もありますし、書類を発送した日ではなく、あくまでも管轄の法務局に届いた日が会社の設立日になります。

大切な合同会社の登記申請書類がなくなってしまうことは避けたいですし、設立日にこだわるならば、郵送は極力避けたほうがいいでしょう。できれば法務局に書類を直接持っていきましょう。

2 法務局の商業・法人登記窓口へ提出する

管轄の法務局に行くと、商業・法人登記を受け付けてくれる窓口がありますので、そこへ提出します。

この際、「本日申請分の完了予定日は、○○月○○日です」などの記載が必ずありますので、合同会社の登記が完了する日をメモしておきましょう。

原則として、法務局から登記が完了した旨の連絡が入ることはありません。何も連絡がなければ完了予定日までに登記は完了しています。しかし、念のため管轄の法務局窓口で確認しておきましょう。その際、問い合わせ先の電話番号も併せてメモしておきます。

登記の完了までには3営業日程度かかり、期間は、地域や法務局によって異なります。

法務局は書類の審査をします。ここで書類に不備が見つかると、書

類を補正するために、再度法務局に出向かなければなりません。万が一補正があったとしても、慌てずに対処しましょう。「会社代表者印」を持って法務局に向かえば、ほとんどの場合簡単な修正で済みます。

ただし、補正が入ってしまった場合は、登記の完了日が若干延びてしまう可能性がありますので注意してください。

3 収入印紙と登記印紙

一般的に「印紙」と呼ばれるものは「収入印紙」のことで、簡単にいえば税金です。「登録免許税」といって、登録免許税法で定められています。

合同会社の登記申請の際、もし印紙を貼らなかった場合は補正が入ります。提出する前に、ちゃんと収入印紙を貼付しているか、もう一度確認しておきましょう。

なお、合同会社の設立登記申請には「収入印紙」を使います。また、登記簿謄本（登記事項証明書）の取得にも「収入印紙」を使用します。以前は登記簿謄本の取得などには「登記印紙」という別の印紙を使用していました。しかし現在では「登記印紙」は廃止になっているので、間違えないようにご注意ください。

4 収入印紙を安く手に入れる？

一般的に金券ショップと呼ばれる店舗に行けば、収入印紙を安く手に入れることもできるようです。

ただし、店舗によっては在庫が限られていますし、また偽造品が存在する可能性も否めません。そのため、収入印紙に関しては、正規ルートで購入するのが無難でしょう。

- ☑ できるだけ直接、窓口に提出しに行こう
- ☑ 購入時、収入印紙の額の間違いに注意しよう

Column

ここまで進化した法務局の インターネットサービス

　インターネットの進化とともに法務局のサービスも進化を遂げています。代表的なサービスが「登記情報提供サービス」と「登記ねっと 供託ねっと」です。

一般財団法人 民事法務協会「登記情報提供サービス」
　http://www1.touki.or.jp/

登記・供託オンライン申請システム
「登記ねっと 供託ねっと」
　http://www.touki-kyoutaku-online.moj.go.jp/

　「登記情報提供サービス」はインターネットを利用して自宅や事務所のパソコンから最新の登記情報を閲覧・ダウンロードすることが可能です。登記事項証明書と違い、法務局の認証はありませんが内容はまったく同じものが発行されます。
　許認可や口座開設などの手続きには使用できませんが、不動産や法人の情報を調べるだけでしたら法務局に行く手間や交通費が省けるので断然こちらのサービスが便利です。簡易的な類似商号の調査も上手に活用することで可能になります。
　「登記ねっと 供託ねっと」も、インターネットを利用して自宅や事務所のパソコンから登記のオンライン申請ができたり、謄本の請求を行うことができます。こちらは法務局から謄本を取り寄せる方法としてとても便利なサービスです。窓口に出向いて発行するよりも費用が安く済みますし、何より郵送費を負担する必要がありません。登録するだけで利用できるようになる便利なサービスです。いざというときのために登録しておくことをおすすめします。

第10章
登記が完了したら設立後の届出をしよう

57 登記事項証明書を取得しよう　172

58 会社設立後に必要な手続き　178

59 税務署へ届出をしよう　180

60 都道府県税事務所、市区町村役場に届出をしよう　188

61 労働基準監督署へ届出をしよう　196

62 サラリーマンが会社をつくったときの注意点　202

Column　マイナンバーで副業はバレるのか？　204

57 登記事項証明書を取得しよう

法務局の審査が通れば、合同会社の設立は完了です。法的には申請した日が設立日とされ、合同会社のスタートが切られたことになります。これで合同会社の設立手続き自体は終了なのですが、登記が完了したらやっておくべき手続きがあります。

1 補正が入った場合

申請書類に間違いがあったり、添付書類が不足していたりすると、法務局から連絡が入ります。中には口頭の確認で済むものもありますが、場合によっては法務局まで出向かなければならないときがあります。この修正することを「補正」と呼びますが、慌てることなく、法務局の指示に従えば、それほど大きな問題になることはありません。

法務局に来るように指示されたら、会社の印鑑と自分の実印を持って法務局に出向きましょう。場合によっては追加書類の提出などを求められることもありますが、落ち着いて指示に従えば、補正はすぐ終わるものです。なお、補正が入った場合は、登記完了が少し遅くなる場合もあります。

2 登記事項証明書を取得する

設立登記が完了したら、やらなければいけない手続きがあります。そのときに必要になるのが、登記事項証明書や印鑑登録証明書です。合同会社が設立できれば、法人名義の銀行口座を開設することができます。法人の口座を開設するには、「登記事項証明書」が必要になります。

まず、登記事項証明書を取りに法務局へ行きます。できる限り役所に出向く回数を減らすために、そのときに印鑑カードの取得申請も済ませておきましょう。印鑑カードを取得するために、会社の代表者印を持って行きます。

法務局に行くと、「登記事項証明書交付申請書」というものが備え付

けてありますので、その申請書に必要事項を記入します。請求するのは、「履歴事項全部証明書」いわゆる「登記事項証明書」です。

この申請書を使えば、謄本以外にも「現在事項全部証明書」や「一部事項証明書」などを取得できますが、一般的に会社の証明をするための書類には、「履歴事項全部証明書」を使用します。

取得する枚数は、銀行口座を開設するために、少なくとも2通（会社の控え1通と銀行提出用）、そのほかにも使用するとして、多くとも4通あれば十分でしょう。

「履歴事項全部証明書」を書面で1通取得するには、600円の収入印紙代がかかります。法務局には印紙売り場がありますので、そこで600円分の収入印紙を購入して、「登記事項証明書交付申請書」の印紙を貼る部分に貼ります。

3　印鑑カードを取得する

印鑑カードは、法務局に備えつけてある「印鑑カード交付申請書」に必要事項を記入して提出すれば、その場で交付されます。会社代表者印の印鑑登録証明書を取得するときには、この印鑑カードを使うことで、法務局にて取得できるようになります。

4　印鑑登録証明書を取得する

印鑑カードの交付を受けたあとには、印鑑登録証明書も取得しましょう。印鑑登録証明書を取得するには、法務局に備え付けてある「印鑑証明書交付申請書」に必要事項を記入して提出します。「印鑑証明書交付申請書」を書面で取得するには、1通あたり450円の収入印紙代が必要ですので、印紙売り場で印紙を買って、申請書に貼ってください。

- ☑ 補正が入った場合には、法務局の指示に素直に従おう
- ☑ 謄本や印鑑登録証明書は今後のことを考えて多めに取得する

登記事項証明書交付申請書

❶ 窓口に来た人の住所、氏名を記載する

住所: 東京都渋谷区大岡山二丁目3番4号
フリガナ: ヨコスカ テルヒサ
氏名: 横須賀 輝尚

❷ 会社名を記載する

商号・名称（会社等の名前）: 合同会社パワーコンテンツジャパン

❸ 本店所在地を記載する

本店・主たる事務所（会社等の住所）: 東京都新宿区上原一丁目2番3号

❹ ここにチェックを入れる

① 全部事項証明書（謄本）
☑ 履歴事項証明書（閉鎖されていない登記事項の証明）

❺ 必要な通数を記載する

請求通数: 1通

❻「収入印紙」を購入して貼付する

収入印紙: 600円

収入印紙は割印をしないでここに貼ってください。（登記印紙も使用可能）

(乙号・6)

印鑑証明書交付申請書

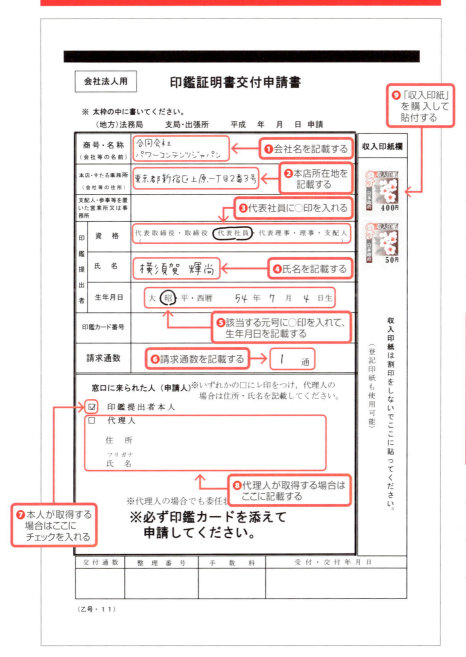

印鑑証明書及び登記事項証明書交付申請書

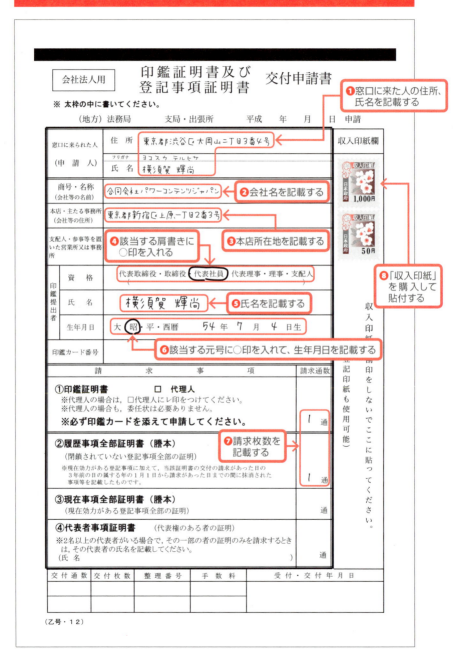

印鑑カード交付申請書

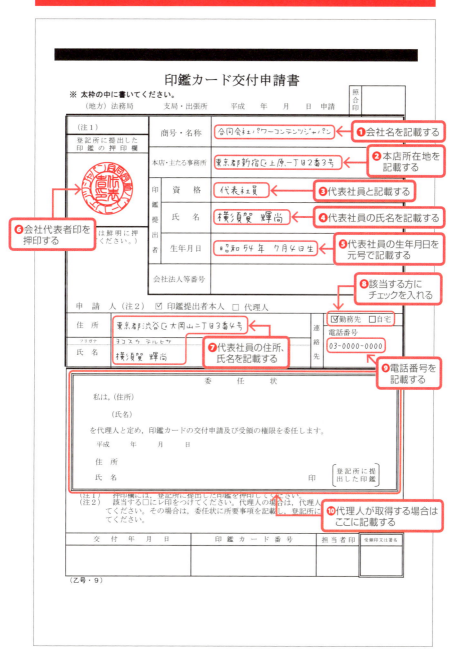

58 会社設立後に必要な手続き

登記が完了したらやっておくべき手続きは、各役所に「届出」をすることです。届出を怠ると、大きな損害が出る場合もありますので十分気をつけましょう。

1 届出の提出先

届出の提出先としては、税務署、都道府県税事務所、市区町村役場、労働基準監督署、公共職業安定所（ハローワーク）、年金事務所などがあります。近い将来、会社にも付与されたマイナンバーによって、届出が1カ所、一括で済む時代が来る可能性はありますが、現在はそれぞれの役所への届出が必要になります。

特に最初は登記簿謄本と定款のコピーを求められることが多くありますので、余分に用意しておくとよいでしょう。ほとんどの場合、郵送で済ませることができますので、各役所のウェブサイトから書式をダウンロードし、郵送しましょう。控えがほしい場合には、2通送付し、返信用封筒をつければ、控えをもらうこともできます。

なお、市区町村等役所のウェブサイトで手続きの説明を読むと、登記簿謄本の原本が必要だと記載されている例がありますが、多くの場合、コピーで済むことが多いようです。

ただし、それぞれの役所によって、対応は異なりますので、あなたの会社の本店所在地を管轄する各種の役所にきちんと確認したうえで届出を提出するのがよいでしょう。

❏税務署

「法人設立届」として、定款のコピーと登記事項証明書などを添付し、設立の日から2カ月以内に提出します。

「青色申告の承認申請書」として、設立の日から3カ月を経過した日

と当該事業年度終了の日とのいずれか早い日の前日に提出します。

❏ 都税事務所（東京23区の場合）
「法人設立届」として、定款のコピーと登記事項証明書などを添付し、事業開始の日から15日以内に提出します。

❏ 都道府県税事務所（東京23区以外の場合）
「法人設立届」として、定款のコピー、登記事項証明書などを、設立の日から1カ月以内に提出します。

❏ 市区町村役場
「法人設立届」として、定款のコピー、登記事項証明書などを、設立の日から1カ月以内に提出します。

❏ 年金事務所
「健康保険・厚生年金新規適用届」として、登記事項証明書などを添付して提出します。

❏ 労働基準監督署
「適用事業報告書」「保険関係成立届」として、労働者を雇用するようになったときから遅滞なく提出します。

❏ 公共職業安定所（ハローワーク）
「雇用保険適用事業所設置届」「雇用保険被保険者資格取得届」として、登記事項証明書、労働者名簿、賃金台帳、出勤簿などを添付して、事業所を設置した日の翌日から起算して10日以内に提出します。

☑ どんな会社でも、税務関連の届出は早めに済まそう
☑ 従業員を採用する場合には手続きが増えるので注意

59 税務署へ届出をしよう

合同会社を設立すると、税務署へ提出しなければいけない届出があります。「法人設立届」「青色申告の承認申請書」「給与支払事務所等の開設届出書」「源泉所得税の納期の特例の承認に関する申請書」「棚卸資産の評価方法の届出書」などを提出します。

1 必要な書類をそろえる

税務署に提出する書類の入手先は、管轄の税務署の法人税を担当する部署の窓口になります。その担当者に「合同会社を設立したので、法人設立に関する届出の書類がほしい」旨を告げれば、書類をもらえます。さらに、会社代表者印を持参しておけば、その場で指示を受けながら受け取った書類に記入して、そのまま確実に提出することができます。

ただし、添付書類として「定款のコピー」や「履歴事項全部証明書」を求められることがあるので、事前にこれらの書類が必要かを確認しておきましょう。

あるいは、税務署へ出向く時間がないという人のために、国税庁のウェブサイトからダウンロードすることもできます。

> **国税庁**
> https://www.nta.go.jp/

□法人設立届

「法人設立届」は、設立から2カ月以内に必ず提出しなければなりません。「法人設立届」を提出するときには、「定款のコピー」「履歴事項全部証明書のコピー」などの添付書類が必要になります。添付書類は各税務署によって扱いが異なる場合がありますので、事前に管轄の税務署に確認しておきましょう。

なお、4枚（あるいは3枚）つづりになっている書式の場合、残りの書類は別の手続き（都道府県税事務所や市区町村役場など）で使用できますので、大切に保管しておいてください。

☐ 青色申告の承認申請書

法人税の申告には、青色申告と白色申告があります。法人としての申告では青色申告のほうがメリットは大きいので、この時点では青色申告を選択しておきましょう。ちなみにほとんどの会社が、この青色申告を選んでいます。

☐ 給与支払事務所等の開設届出書

合同会社を設立すると、社員への給与支払いが生じます。会社が給与を支払う場合には、所得税を天引きして国に納める「源泉徴収方式」をすることになります。

「誰も雇っていないから、私には必要ない」ということではありません。1名の合同会社であっても、その1名は「給与」として報酬を受けることになりますので、この届出が必要になります。

☐ 源泉所得税の納期の特例の承認に関する申請書

源泉徴収方式を採用したら、本来は毎月納付手続きをしなければならないのですが、それでは手間がかかりとても大変です。そこで、納期の特例の承認申請をすることによって、10名以下の会社はその手続きが半年に1度で済むようになります。ですから10名以下の会社の場合は、必ず提出するようにしましょう。

☐ 棚卸資産の評価方法の届出書

「棚卸資産」とは、「在庫」のことを指します。商品を仕入れて販売（または製造販売）するような事業では「在庫」を抱えることになりますので、この届出をします。

棚卸資産は、物によって原価（取得価額）の算定が違うので、評価

方法の選択ができます。ただし、棚卸資産の評価方法は決算に大きく関係してくるので、具体的な評価方法の選択にあたっては、税務署に行って相談するか、公認会計士や税理士に相談してから決めるようにしましょう。

☐減価償却資産の償却方法の届出書

建物や自動車などの資産は、長期間にわたって使用するうちに価値が減っていく「減価償却資産」になります。この資産は購入時にすべて経費となるわけでなく、一定の計算方法によって複数年にわたって経費として計上することになります。

この計算方法には、「定額法」と「定率法」があります。「定額法」は毎年同額の経費を計上していく方法で、「定率法」は初年度に多く計上し、その後、徐々に少なくしていくという方法です。この届出書も、「棚卸資産の評価方法の届出書」の選択と同じく、どれを選べばいいのか不明な場合は、税務署や公認会計士、税理士などに相談してから決めるのがよいでしょう（ただし、届出をしない場合、建物・建物附属設備・構築物は定額法、機械装置・車両運搬具・器具備品は定率法になります）。

2 書類の提出方法

税務署へ書類を提出する方法には、直接出向く方法と、郵送で送る方法があります。直接出向けば、その場で受領印を押してもらうことができ、控えを持ち帰れます。間違いがあった場合も、その場で修正可能です。これに対して、郵送の場合は、書類不備や不足があった場合には二度手間になり、また控えをもらいたい場合には返信用封筒が必要です。このような違いがあることを頭に入れたうえで、最適な方法を選択するのがよいでしょう。

- ☑ どの書類を出したらいいかわからない場合は役所に相談しよう
- ☑ 最初から税理士に相談してしまうのも時間効率の面では効果的

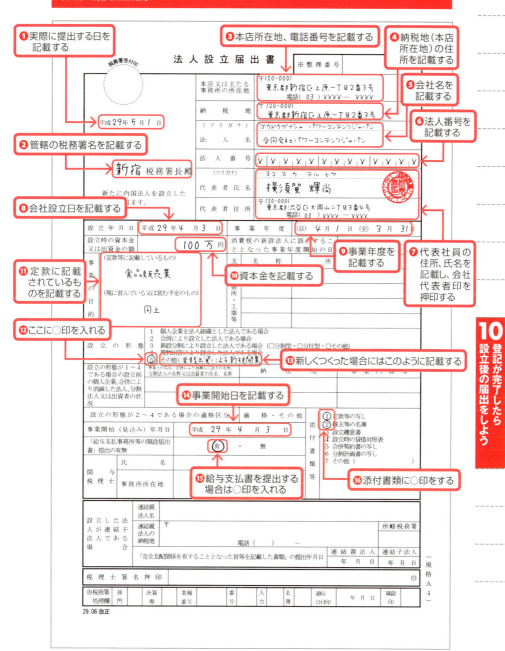

青色申告の承認申請書

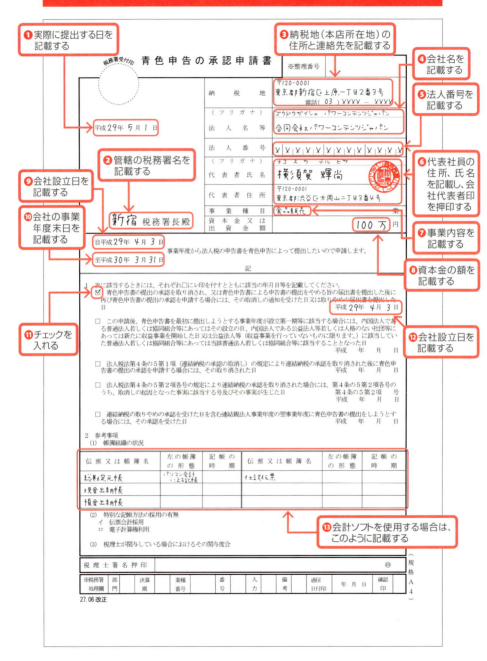

給与支払事務所等の開設届出書

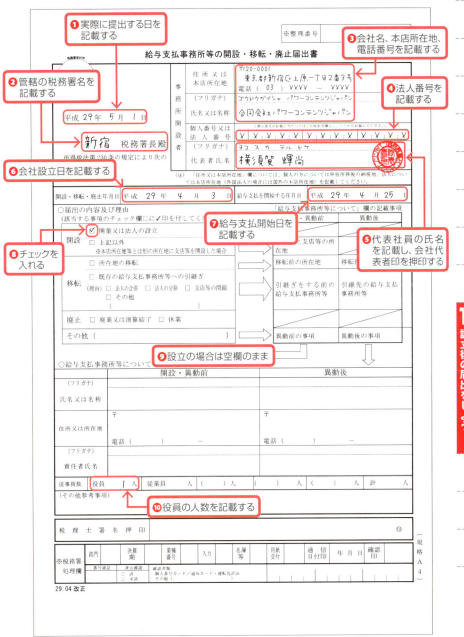

源泉所得税の納期の特例の承認に関する申請書

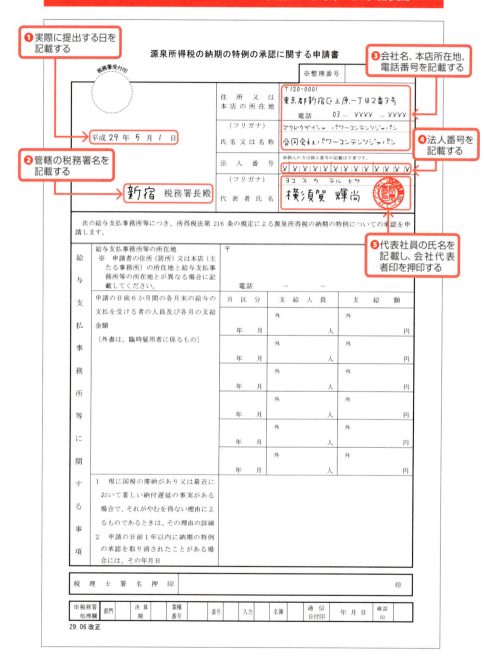

棚卸資産の評価方法の届出書

❶ 実際に提出する日を記載する

❷ 管轄の税務署名を記載する

❸ 納税地(本店所在地)の住所と連絡先を記載する

❹ 会社名を記載する

❺ 法人番号を記載する

❻ 代表社員の住所、氏名を記載し、会社代表者印を押印する

❼ 事業内容を記載する

❽ 事業内容を記載する

❾ 評価方法は、事業内容に合ったものとする

❿ ここに○印を入れる

⓫ 会社設立日を記載する

⓬ 不明な点は記載せずに、税務署、または税理士に相談したほうがいい

10 登記が完了したら設立後の届出をしよう

記入例

税務署受付印

平成29年5月1日

新宿 税務署長殿

納税地　〒120-0001　東京都新宿区上原一丁目2番3号　電話(03)XXXX-XXXX

(フリガナ) ゴウドウガイシャ パワーコンテンツジャパン
法人名等　合同会社パワーコンテンツジャパン

法人番号　XXXXXXXXXXXXX

(フリガナ) ヨコスカ テルヒサ
代表者氏名　横須賀 輝尚 ㊞

代表者住所　〒120-0001　東京都渋谷区大岡山二丁目3番4号

事業種目　食品販売 業

棚卸資産の評価方法を下記のとおり届け出ます。

事業の種類(又は事業所別)	資産の区分	評価方法
食品販売	商品又は製品	最終仕入原価
	半製品	
	仕掛品(半成工事)	
	主要原材料	
	補助原材料	
	その他の棚卸資産	

参考事項
① 新設法人等の場合には、設立等年月日　　平成29年4月3日
② 新たに他の種類の事業を開始した場合又は事業の種類を変更した場合には、開始又は変更の年月日　　平成　年　月　日
③ その他

税理士署名押印

28.06改正

60 都道府県税事務所、市区町村役場に届出をしよう

税務署への届出の次は都道府県税事務所と市区町村役場への届出です。税務署に提出した法人設立届書が4枚つづりになっていた場合は、その2枚目と3枚目を使います。4枚目は自社の控えになります。

1 事業開始等申告書を提出する

届出の書式は、各地方公共団体によって若干の違いがあります。

4枚つづりになっているものは、すべて同じものに見えますが、右側に提出先が書いてあります。

1枚目が「税務署提出用」、2枚目が「都道府県税事務所提出用」、3枚目が「市町村提出用」となっており、4枚目が自分の控えです。

提出は郵送でもできますが、直接出向けば控えに受領印を押してもらうこともできます。念のため書類は控えを持っていたほうがいいでしょう。

提出先の具体的な窓口名は、各都道府県税事務所と市町村に確認してください。

提出する際、添付書類として、「定款のコピー」と「履歴事項全部証明書のコピー」が必要です。

ただし、添付書類や届出の書式、その届出に添付する書類の種類は、各地方公共団体により若干の違いがあります。事前に確認しておきましょう。

なお、東京23区の場合は、区役所には提出しなくてもよいことになっています。

事業開始等申告書

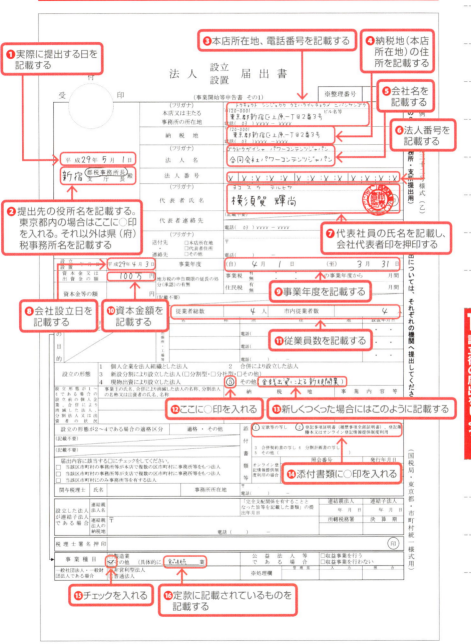

2 年金事務所へ届出をしよう

　法人を設立すると、社会保険（健康保険と厚生年金）への加入をしなければなりません。これは役員報酬を支払うのでしたら強制加入となります。1名でつくる合同会社であっても加入が義務付けられています。社会保険料は会社と従業員で折半することになります。

❏年金事務所へ届出をしよう

　年金事務所にも管轄があります。提出する前に、ウェブサイトなどで管轄の年金事務所を調べておきましょう。

> **日本年金機構**
> https://www.nenkin.go.jp/

　年金事務所に出向くと、提出が必要な書類が一式そろっているので、窓口で説明を聞きながら手続きを済ませることが可能です。
　合同会社の場合、正社員として会社に勤務しながら副業的につくる人もいるでしょう。2箇所以上の会社から給与をもらうなど社会保険の手続きが複雑な場合もありますので、社会保険労務士という専門家に相談してみるのもいいでしょう。

▶▶▶年金事務所への届出
- 新規適用届
- 被保険者資格取得届
- 被扶養者（異動）届

▶▶▶添付書類
- 登記事項証明書（発行後3カ月以内）
- 賃貸借契約書の写し（登記上の住所と加入する住所が違う場合）
- 預金口座振替依頼書

▶▶▶場合によっては提出が必要な書類
- 出勤簿（タイムカードでも可）
- 労働者名簿（市販の用紙）
- 賃金台帳（市販の用紙）
- 源泉所得税の領収書

3 年金の専門家は、「社会保険労務士」

　もし、あなたがこの手続きで不明なことがあれば、その問題を解決してくれるのは社会保険労務士です。中には年金を専門にしない社会保険労務士もいますが、基本的な手続きはどの社会保険労務士でも対応可能だといえます。ですから、もしこの手続きに関して疑問がある場合には、社会保険労務士に相談することも可能ですし、また社会保険労務士に手続きそのものを依頼することも可能です。

4 社会保険、厚生年金の加入は義務だが

　法律上は、法人をつくった場合、社会保険（健康保険と厚生年金）の加入は義務です。しかしながら、資金繰りの関係で加入したくてもできない会社は数多く存在していました。最近は加入に関して役所も積極的に進めているようで、会社をつくった以上、これは避けられない義務ということを覚えておきましょう。

　加入しないでいると、2年分遡って強制的に徴収される可能性がありますので、できる限り速やかに手続を済ませたいものです。

☑ 役所ごとの書式の違いに注意しよう
☑ 提出で迷ったときは、担当窓口か各専門家に相談しよう

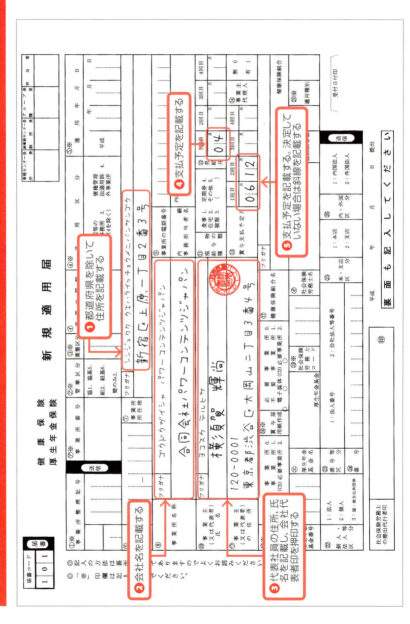

健康保険・厚生年金保険 新規適用届 2枚目

2/2

⑥ 会社の状況に応じて記載する

10 登記が完了したら設立後の届出をしよう

健康保険・厚生年金保険 被保険者資格取得届

健康保険
厚生年金保険 被保険者資格取得届

① 該当するほうに○印を入れる

② 社会保険に加入する人の住所、氏名、生年月日を記載する

③ すべての報酬を合算した金額を記載する

④ 合同会社の住所、会社名、代表社員、連絡先を記載し、会社代表者印を押印する

事業所所在地　〒120-0001　東京都新宿区△△町一丁目2番3号
事業所名称　合同会社パワーコンサルジャパン
事業主氏名　代表社員　輝　尚
電話　03（XXXX）XXXX　局XXXX番

被保険者資格取得届 記入例（主な項目）

194

健康保険被扶養者（異動）届

10 登記が完了したら設立後の届出をしよう

61 労働基準監督署へ届出をしよう

税務署、都道府県税事務所、市町村役場、年金事務所への届出が終わったら、次は必要に応じて労働基準監督署と公共職業安定所（ハローワーク）への届出をすることになります。

1 届出をするタイミングを見極める

　税務関係と社会保険関係の手続きは、1名の会社であっても必ずしなければなりませんが、労働基準監督署と公共職業安定所への届出は、従業員を雇ったときに行います。

　1名でつくる合同会社であれば、この手続きはひとまず必要はありません。

　労働基準監督署では「労災保険」に、公共職業安定所では「雇用保険」に加入するための手続きをします。

「労災保険」とは、業務中や通勤中などに労働者がケガをしたり死亡した際に、労働者や遺族に給付される保険のことを指します。

「雇用保険」とは、労働者が失業した場合に給付される保険などのことです。

　比較的小さな組織規模が予想される合同会社ですが、従業員を雇うことがあれば、労働基準監督署と公共職業安定所にきちんと届出をするようにしましょう。

☑ 労務関連の手続きの不明点は、社会保険労務士に相談しよう
☑ 従業員採用の有無で提出書類が変わる点に注意

☐ 労働基準監督署への届出
- 労働保険保険関係成立届
- 適用事業報告書
- 概算保険料申告書

▶▶▶ 添付書類
- 会社の登記事項証明書
- 従業員名簿
- 賃金台帳
- 出勤簿（タイムカード可）

☐ 公共職業安定所への届出
- 雇用保険適用事業所設置届
- 資格取得届

▶▶▶ 添付書類
- 会社の登記事項証明書
- 従業員名簿
- 賃金台帳
- 出勤簿（タイムカードでも可）
- 労働保険の関係成立届の控え
  （労働基準監督署の受付印があるもの）

全国労働基準監督署の所在案内
http://www.mhlw.go.jp/stf/seisakunitsuite/bunya/koyou_roudou/roudoukijun/location.html

全国ハローワークの所在案内
http://www.mhlw.go.jp/kyujin/hwmap.html

労働保険保険関係成立届

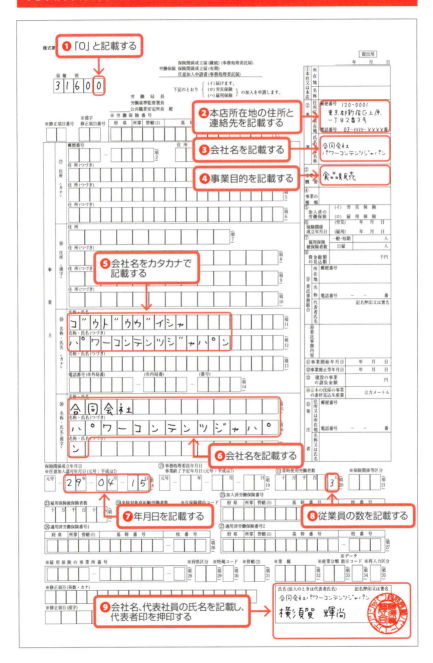

適用事業報告書

❶ 定款の主な事業目的を記載する
（○条関係）

❷ 会社名を記載する → 事業の名称：合同会社パワーコンテンツジャパン

❸ 本店所在地の住所と連絡先を記載する（電話番号） → 事業の所在地：東京都新宿区上原一丁目2番3号　電話 03（××××）××××番

事業の種類：食品販売

種別	満18歳以上	満15歳以上満18歳未満	満15歳未満	計
労働者数 男	3	（ ）	（ ）	（ ）
通勤 女		（ ）	（ ）	（ ）
計	3	（ ）	（ ）	（ ）
寄宿 男		（ ）	（ ）	（ ）
女		（ ）	（ ）	（ ）
計		（ ）	（ ）	（ ）
総計	3	（ ）	（ ）	（ ）

❹ それぞれの労働者の数を記載する

備考

❺ 従業員を雇った日を記載する → 適用年月日：平成29年 4月15日

❻ 書類の提出日を記載する → 平成29年 5月 1日

❼ 管轄の労働基準監督署名を記載する → 新宿　労働基準監督署長　殿

記載心得
1. 坑内労働者を使用する場合は、労働者数の欄にその数を括弧して内書すること。
2. 備考の欄には適用年月日を記入すること。

❽ 会社名と代表社員の氏名を記載する → 使用者　職名：合同会社パワーコンテンツジャパン　氏名：代表社員 楠木 輝尚

❾ 代表者印を押印する

10 登記が完了したら設立後の届出をしよう

雇用保険適用事業所設置届　1枚目

❶ 法人番号を記載する
❷ 提出日を記載する
❸ 会社名をカタカナで記載する
❹ 会社名を漢字で記載する
❺ 本店所在地を記載する
❻ 電話番号を記載する
❼ 従業員をはじめて雇った日を記載する
❽ 労働保険番号を記載する
❾ 本店所在地を記載する
❿ 該当する人数を記載する
⓫ 会社名を記載する
⓬ 代表社員の氏名を記載する
⓭ 主な事業目的を記載する
⓮ 設立日を記載する

記入例

- 帳票種別：12001
- 法人番号：XXXXXXXXXXXXX
- 提出日：平成29年5月1日
- 2. 事業所の名称（カタカナ）：ゴウドウガイシャパワーコンテンツジャパン
- 3. 事業所の名称（漢字）：合同会社パワーコンテンツジャパン
- 4. 郵便番号：120-0001
- 5. 事業所の所在地（漢字）※市・区・郡及び町村名：新宿区上原
- 事業所の所在地（漢字）※丁目・番地：一丁目2番3号
- 6. 事業所の電話番号：03-XXXX-XXXX
- 7. 設置年月日：4-290415
- 13. 住所（フリガナ）：トウキョウトシンジュククウエハライッチョウメニバンケンゴウ
  東京都新宿区上原一丁目2番3号
- 18. 名称（フリガナ）：ゴウドウガイシャパワーコンテンツジャパン
  合同会社パワーコンテンツジャパン
- 氏名（フリガナ）：ヨコスカテルヒサ
  横須賀　輝尚
- 14. 事業の概要：食品販売
- 15. 事業の開始年月日：平成29年4月3日

雇用保険適用事業所設置届　2枚目　2/2

注意

1. □□□で表示された枠（以下「記入枠」という。）に記入する文字は、光学式文字読取装置（OCR）で直接読取を行いますので、この用紙を汚したり、必要以上に折り曲げたりしないでください。
2. 記載すべき事項のない欄又は記入枠は空欄のままとし、※印のついた欄又は記入枠には記載しないでください。
3. 記入枠の部分は、枠からはみ出さないように大きめの文字によって明瞭に記載してください。
4. 1欄には、平成27年10月以降、国税庁長官から本社等へ通知された法人番号を記載してください。
5. 2欄には、数字は使用せず、カタカナ及び「－」のみで記載してください。
   カタカナの濁点及び半濁点は、1文字として取り扱い（例：ガ→ ｶﾞ 、パ→ ﾊﾟ ）、また、「ヰ」及び「ヱ」は使用せず、それぞれ「イ」及び「エ」を使用してください。
6. 3欄及び5欄には、漢字、カタカナ、平仮名及び英数字（英字については大文字体とする。）により明瞭に記載してください。
7. 5欄1行目には、都道府県名は記載せず、特別区名、市名又は郡名とそれに続く町村名を左詰めで記載してください。
   5欄2行目には、丁目及び番地のみを左詰めで記載してください。
   また、所在地にビル名又はマンション名等が入る場合は5欄3行目に左詰めで記載してください。
8. 6欄には、事業所の電話番号を記載してください。この場合、項目ごとにそれぞれ左詰めで、市内局番及び番号は「－」に続く5つの枠内にそれぞれ左詰めで記載してください。（例：03-3456-XXXX → ｜0｜3｜－｜3｜4｜5｜6｜－｜X｜X｜X｜X｜）
9. 7欄には、雇用保険の適用事業所となるに至った年月日を記載してください。この場合、元号をコード番号で記載した上で、年、月又は日が1桁の場合は、それぞれ10の位の部分に「0」を付加して2桁で記載してください。
   （例：平成14年4月1日→ ｜4｜－｜1｜4｜0｜4｜0｜1｜ ）
10. 14欄には、製品名及び製造工程又は建設の事業及び林業等の事業内容を具体的に記載してください。
11. 18欄の「一般」には、雇用保険被保険者のうち、一般被保険者数、高年齢被保険者数及び短期雇用特例被保険者数の合計数を記載し、「日雇」には、日雇労働被保険者数を記載してください。
12. 21欄は、該当事項を○で囲んでください。
13. 22欄は、事業所印と事業主印又は代理人印を押印してください。
14. 23欄は、最寄りの駅又はバス停から事業所への道順略図を記載してください。

お願い

1. 事業所を設置した日の翌日から起算して10日以内に提出してください。
2. 営業許可証、登記事項証明書その他記載内容を確認することができる書類を持参してください。

22.	事業所印影	事業主（代理人）印影	改印欄（事業所・事業主）	改印欄（事業所・事業主）	改印欄（事業所・事業主）
登録印			改印年月日　平成　年　月　日	改印年月日　平成　年　月　日	改印年月日　平成　年　月　日

23. 最寄りの駅又はバス停から事業所への道順

❶❺ 概略図を記載する

労働保険事務組合記載欄

所在地

名　称

代表者氏名　　　　　　　　印

委託開始　平成　年　月　日

委託解除　平成　年　月　日

社会保険労務士記載欄	作成年月日・提出代行者・事務代理者の表示	氏　名	電話番号
		印	

※本手続は電子申請による届出も可能です。詳しくは管轄の公共職業安定所までお問い合わせください。
　なお、本手続について、社会保険労務士が電子申請により本届書の提出に関する手続を事業主に代わって行う場合には、当該社会保険労務士が当該事業主の提出代行者であることを証明することができるものを本届書の提出と併せて送信することをもって、当該事業主の電子署名に代えることができます。

10 登記が完了したら設立後の届出をしよう

62 サラリーマンが会社をつくったときの注意点

会社に勤務したまま、副業で独立起業することは、最近では珍しくありません。売上が伸びていけば、当然法人設立も視野に入り、そういった理由で本書を手に取られた方も多いと思います。

1 副業禁止規定

勤務先の就業規則には、副業禁止規定が記載されていることがあります。最近では、副業を容認する企業も増えてきていますが、まずはどのくらいの規定が設定されているのか、確認することが重要です。

2 代表者

会社をつくったことを、勤務先に通知されることはありません。しかし、代表者として登記すれば、調べることは可能です。そのため、配偶者を役員にするなどして、会社に露呈することを防ぐ方法もあります。

3 給与の支払い

法人登記しただけでは、会社にバレることはまずありませんが、自分自身が自らの法人から給与をもらった場合、住民税が発生するので注意が必要です。会社員の多くは、給与から天引きの「特別徴収」で住民税を支払っているので、自分が設立した会社から給与をもらうと、勤務先の住民税も増えることになります。そのため、自分では給与をもらわない、あるいは配偶者などの親族を給与支払い先にするのが賢明といえるでしょう。

4 その他、会社にバレる危険性

そのほか、意外なところから情報が漏れるものです。どのようなケースが考えられるか、これまでの私の経験から、お話ししましょう。

❏会社の名刺を配布

たとえば、あなたがまだサラリーマンとして勤務している場合。勉強のために異業種交流会やセミナーなどに参加したときには、名刺交換をするケースは多いです。

その際に、たとえば主催会社が「起業支援」などとうたっている場合には注意が必要です。

名刺交換のあと、名刺の住所宛にダイレクトメールが届くこともあります。その際、封筒に「起業支援」などとキャッチコピーがついていて、それを上司が見つけたら……。これは怪しまれて当然です。ですから、名刺を配る場合には、会社の名刺ではなく、個人で別途つくった名刺で行います。

❏ソーシャルメディアでの情報発信

最近ではFacebookやInstagramなどのSNSで個人が情報発信することが当たり前となりました。「これは個人的なもの」と考えていても、投稿すればその様子が広がってしまう可能性はあります。たとえば、Facebookへの投稿であれば、前述のセミナー参加者にタグ付けされたりすることでも情報が漏れたりするかもしれません。そのため、SNSのプライバシー設定を強化したり、あるいはそうした情報の投稿を控えるなどの施策が必要になります。細かいことをいえば、前述のような起業支援セミナーに出て、講師とFacebook上の「友達」になる。そうするだけで、他人から見れば「起業に興味がある」と見られるには十分です。それでも、どうしても個人的な情報発信をしたいのであれば、ビジネスネームを使用するなど、ひと工夫したうえで行動するのがよいでしょう。

- ☑ 会社にバレたくない場合は、専門家に相談して慎重に進めよう
- ☑ 副業禁止規定は、会社設立前に確認しておこう

Column

マイナンバーで副業はバレるのか？

　マイナンバーで副業はバレるのか？ マイナンバー法施行時には大変騒がれたものです。しかしながら、基本的にはマイナンバーが導入されたからといって、副業がバレやすくなったかといえば、そうでもありません。

　まず、マイナンバーは会社に提出する必要はありますが、マイナンバーをつかって、会社が税務署等に副業の有無を聞くことは法律上禁止されています。

　また、役所側も通知義務等もなく、マイナンバーだけでバレるということはありえません。

　54ページのサラリーマンが副業をした場合でも説明しましたが、勤務先以外から給与をもらい、その給与を特別徴収にした場合に、露呈する可能性があります。

　特別徴収にすると、収入に応じた住民税が給与から天引きになるわけですが、この場合勤務先の給与から天引きになり、給与の額に対して、住民税が多いということがわかってしまうと、マイナンバーに関係なくバレてしまいます。

　ですから、副業の場合は、確定申告をする際に、住民税の納付を特別徴収ではなく普通徴収にして、自分で支払うように手配する必要があります。

　こうした手続きを行えば、勤務先にバレる可能性は低くなりますが、それでも人間関係から露呈したりする可能性などは残りますので注意が必要です。

第11章
運営方法、専門家の使い方、各種機関の利用方法

63 手続きが終わったら 206

64 融資制度について知っておこう 208

65 税金についてこれだけは知っておこう 212

66 頼れる専門家を見つけておこう 214

67 業務執行社員について理解を深めよう 220

68 意思決定と利益の分配方法 222

69 商号を変更する場合 224

70 本店を移転する場合 226

71 社員の変更をする場合 230

72 合同会社から株式会社への定款変更手続き 234

73 合同会社を解散する場合 238

Column 専門家の賢い選び方 242

63 手続きが終わったら

すべての手続きが済んだら、まずは法人口座を開設しましょう。これで法人としての入出金が可能になります。そのほか、このステップでは、各専門家の活用方法や、融資、助成金などの経営に役立つ各種機関について解説していきます。

1 合同会社の法人口座をつくろう

営業を開始するとともに、まずは合同会社用の銀行口座をつくりましょう。合同会社を運営し続ける限り使用する口座になりますから、設立時に使用した個人の口座ではなく、法人名義の新しい口座を開設します。

法人口座を開設するには、会社の登記事項証明書、定款の写し、代表者の本人確認証明書（例：運転免許証）、銀行印としてつくっておいた印鑑を持参します。基本的にはこれらがあれば法人口座を開設できますが、金融機関によっては法人設立届の控えなど個別に必要な書類を指示されることがありますので、直接窓口で確認するといいでしょう。

なお、合同会社名義で振り込んだ場合、金融機関の通帳には前表記であれば「ド)」、後表記であれば「(ド」と記帳されます。合同会社なので「ゴ」と記載されそうなものですが、合同会社の場合は「ド」が記帳されることになります。ちなみに、株式会社は「カ」、有限会社は「ユ」、合名会社は「メ」、合資会社は「シ」、社団法人は「シヤ」というような表記になります。

2 会社経営のポイントをおさえる

さて、ここからは会社設立後に知っておくと便利な情報を列記しておきます。基本的には合同会社も比較的新しい制度とはいえ、株式会社などの法人と同様、経営する点に変わりはありません。

経営ノウハウやビジネスの成功法についての情報は、書店やインターネット上に山ほどありますが、本書では制度的な情報に絞って解説します。

　活用すれば経営に有利な制度や情報、いわゆる公的な融資、助成金、各種の専門家を事前に知っているのと知らないのとでは、会社の経営は大きく違ってきます。

　会社の経営は、問題解決の繰り返しです。資金的な問題、法律的な問題などさまざまな問題が生じます。そんなときに対応できるような予備知識になればと思います。

どの金融機関で法人口座をつくるべきか

コンサルのアドバイス

　法人口座は原則、本店所在地の最寄りに支店がある金融機関になります。やはり、メガバンクの口座を最低一行は持ちたいところですが、最近は審査が厳しくなってきました。資本金が少ない、ビジネスの経験がない、本店所在地がバーチャルオフィスで実態がないなどの理由で口座開設を断られるケースも少なくありません。その場合は、地方銀行や信用金庫などの利用を検討してみてもいいかもしれません。地元密着の会社を目指すのであれば、むしろ地方銀行や信用金庫のほうがよい場合もあります。

　また、金額の上限はありますが、ゆうちょ銀行でも法人口座の開設が可能です。個人向けのビジネスをするのであれば、ゆうちょ銀行の口座は便利かもしれません。店舗を持たないスタイルのネット銀行も多種多様です。コンビニで入出金ができるなど、使い勝手のいいネット銀行で口座をつくっておくと非常時などに重宝するでしょう。

- ☑ 法人口座の開設は年々厳しくなっている
- ☑ ネット銀行を有効活用しよう

11 運営方法、専門家の使い方、各種機関の利用方法

64 融資制度について知っておこう

合同会社に限らず、ビジネスは小資本ではじめる方法と多くの出資を集めてはじめる方法があります。合同会社では、比較的小規模の経営が予想されますが、それでも資金繰りは重要です。

1 銀行以外からでも融資を受けられる

会社を経営するためには、資金が必要です。そこで最初から融資を受けるのも、ひとつの経営手法です。

そうはいっても、やはり融資という言葉から連想するのは、「高額な利息がついて返せなくなり、いずれは倒産……」などというマイナスイメージかもしれません。

もし、そのようなことをイメージしてしまうならば、それはあらためる必要があります。国や各地方公共団体の中には低金利で貸してくれる機関もあるのです。計画的に借りることを検討しましょう。

融資してくれる機関は、銀行や信用金庫などの民間のもののほか、日本政策金融公庫をはじめとした政府系金融機関などがあります。融資を受けるためには、綿密な事業計画が必要だったり、自己資金が必要だったり、十分な準備が必要です。融資のサポートをしている専門家もいますので、そのような専門家を活用するのもひとつの手でしょう。

2 資金調達の方法（融資）

❏政府系金融機関

政府が全額、または一部出資した金融機関です。主なものに「日本政策金融公庫」「中小企業金融公庫」「商工組合中央金庫」「日本政策投資銀行」などがあります。民間の金融機関よりも少額の融資になりますが、新しく設立された会社でも融資が受けられやすくなっています。

一般の都市銀行などからの融資より、最初は政府系金融機関の利用も検討しましょう。

❑信用保証制度

「信用保証協会」が事業者の債務の保証を行うことにより、民間金融機関からの資金調達を円滑にする制度です。この信用保証制度を利用した融資を、総じて「信用保証付き融資」と呼びます。「融資を受けたいけれど担保がない」という場合に便利です。

❑プロパー融資

銀行など、民間の金融機関が独自に行う融資のことを指します。保証協会の保証はつきません。状況に合わせて、高額の融資も可能ですが、小規模な合同会社としてはじめた場合、最初からこのような多額の融資をしてもらうというのは少し難しいかもしれません。

❑ノンバンク

預金業務や為替業務を行わないで、融資業務を行う会社。いわゆる消費者金融です。比較的借りやすいといえますが、一般的に金利も高く、最初にこのようなところから運転資金を借りてしまうと、返済が大変になるおそれがあります。

❑補助金・助成金制度を活用しよう

融資制度とは別に、「補助金」や「助成金」という制度があります。融資制度と決定的に違う点は、返済が不要ということです。そのため、補助金や助成金を受けるためには厳格な要件が求められますが、返済しなくてもよい資金があるというのは非常に心強いものです。

3 受けられる補助金、助成金を調べる

　補助金や助成金制度を実施している省庁には、「厚生労働省」「経済産業省」「総務省」などがあります。

　そのほか、各省庁の下部機構や一般財団法人などによるもの、あるいは都道府県や政令指定都市といった地方自治体独自の制度もあります。補助金や助成金の情報は、各省のウェブサイトで確認できますので、チェックしてみてください。

　なお、補助金や助成金についての専門家は管轄により異なりますが「社会保険労務士（社労士）」や「行政書士」です。補助金や助成金の手続きを専門としています。

補助金や助成金を実施している主だった機関

厚生労働省	http://www.mhlw.go.jp/
経済産業省	http://www.meti.go.jp/
高齢・障害・求職者雇用支援機構	http://www.jeed.or.jp/
介護労働安定センター	http://www.kaigo-center.or.jp/
ハローワーク	https://www.hellowork.go.jp/
21世紀職業財団	http://www.jiwe.or.jp/

　お金を借りるということに、強い抵抗を持っている人も多いでしょう。しかし、もしあなたが会社を設立し、事業を拡大していこうと考えるのであれば、融資は効果的に活用したい制度のひとつです。

　まず、恐怖感のある人のために説明しておくと、いわゆる「取り立て屋」のような話は、闇金と呼ばれる悪徳業者から借りてしまった場合に起きることで、これは経営上の資金調達手段としては、最終段階

です。最近ではノンバンク（消費者金融）と呼ばれるところであっても、利息制限法の改正により、以前よりも利息は少なくなっています。

毎月の支払いについては、借りる額にもよりますが、数百万円借りたところで、月々の返済は10万円にもならないケースがほとんどです。

毎月の支払いに追われるというのは、必要以上に借りて、必要以上に使ってしまった場合の話です。

ですから、計画性があれば、事業拡大のための資金として、融資は大変すぐれたものであるといえます。

創業者がまず借りるべきは、日本政策金融公庫です。いわゆる「公庫」と呼ばれるところですが、まずはここから借りるのが一般的です。

そして、創業時はもっとも借りやすい時期です。

会社経営がはじまったあとで、融資を受けるとなると、3年分ほどの決算書を求められることがほとんどです。そして、この業績がよくなければ、当然お金を貸してもらえません。ところが、創業時は元手があり、事業計画がしっかりしたものであれば、すんなり借りられるケースもあります。

公庫だけではなく、各金融期間でも創業にかかる融資制度を設けているところは多数あります。ひとくくりに「借金」とおそれずに、借りやすいときに借りておくというのも、会社経営にとっては有効な手段なのです。

融資を受けて手元に現金があると、やはり安心して経営に専念できます。会社が倒産するのは、現金がなくなって返済や経費の支払いができなくなるからです。月末に現金がなくなる恐怖は経験したことがある人ならわかると思います。借りられるときに借りておくのも選択肢のひとつですので、ぜひ参考にしてください。

☑ 創業時は借りやすい時期なので、積極的活用が重要
☑ 補助金、助成金を受給できれば経営は安定しやすい

65 税金について これだけは知っておこう

合同会社に限ったことではなく、法人として納める税金について、最低限のことは知っておきましょう。合同会社は、「法人税」「法人住民税」「法人事業税」の3種類の税金を納めることになります。また、一定の基準を超えると、消費税も納めなくてはなりません。

1 法人の経理を甘く考えない

合同会社も基本的には1年に一度決算をします。つまり、法人税の申告をするわけですが、決算期から2カ月以内に申告しなければなりません。たとえば3月決算の場合は、5月末までの申告となります。もちろんそれまでに経理を日々行う必要があります。

経理については不安な方も多いかと思いますが、自分でやるか、税理士に任せるか、基本的にはこの2つです。自分で行う場合は、税務署に相談しながら、会計ソフトを購入し、帳簿を作成していきましょう。ただし、法人の経理は少々複雑なので、最初から税理士に任せてしまうのもひとつの手段です。どちらにせよ経営をしていくうえで、数字を理解するということは極めて重要ですので、経理についてもおろそかにしないというのが重要なポイントになります。税理士などの専門家への相談も検討してみましょう。

2 もし、自分で経理をやるなら

税金に関しては、できるだけ税理士などの専門家をつけたほうが無難ですが、もしすべてを自分自身で行う場合は、次のポイントをおさえておきましょう。

まずは会計ソフトの選択です。エクセルなどの表計算ソフトで独自に帳簿をつけるよりも、できれば市販されている会計ソフトを使用するのがよいでしょう。会社の規模が大きくなったときには税理士に任せることも考えられますので、できれば会計ソフトでそのまま移行で

きる準備をしておきたいものです。もし将来的に任せたい税理士がいる場合は、使用ソフトをあらかじめ指定してもらうとよいでしょう。

　また、領収書の整理に特別なルールはありませんが、紛失しない保管方法などを考えておく必要があります。特に創業のころは、事務より営業に力が入りがちですので、最初の段階で、あとで混乱しないような仕組みをつくっておくのがよいでしょう。また、便利なウェブサイトとして、国税庁のタックスアンサーがあります。

> **国税庁「タックスアンサー」**
> https://www.nta.go.jp/taxes/shiraberu/taxanswer/index2.htm

　ここでは税金に関する情報が必要に応じて無料で検索できます。そのほか、税理士会による無料税務相談なども各地で実施されているので、そういった無料で専門的なアドバイスをもらえる場をどんどん活用するといいでしょう。

もっともシンプルに経理を行う方法

コンサルのアドバイス

　現在はクラウド会計ソフトもかなり充実してきましたので、経理に関しては以前よりもハードルが低くなりました。しかし、入力作業がまったくなくなったわけではありません。日々の定期的な入力がやはり重要になってきます。理想は毎日ですが、週末なら週末と経理のルールを決めて入力を行うことが、結局は一番の近道になります。定期的な経理の入力を行うことで自社の財務状況も把握することができます。営業で忙しくなるとどうしてもおろそかになりがちな経理業務ですが、必要な仕事と割り切って行っていきましょう。

- ☑ 法人の経理処理は、個人事業主の確定申告の比ではない
- ☑ 税理士やクラウドサービスを有効活用しよう

66
頼れる専門家を見つけておこう

小規模ビジネスが多いといわれる合同会社でも、次々と問題が起こるものです。経営の戦略はもちろん、顧客の対応や、経営者が解決しなければならない問題は山ほどありますが、その中でも問題が発生すると一番大変なのは法的な問題です。

1 専門家を活用する

法的なトラブル、または法的な手続きなどは必ずやらなければならないことですし、商標登録などは、やりたいけれどその方法がわからないなど、経営の悩みは尽きることがありません。

それを一発で解決してくれるのが、いわゆる法務のプロと呼ばれる専門家といわれる人たちです。行政書士、司法書士、社会保険労務士、弁護士、弁理士など、問題によってさまざまな専門家を頼ることで、解決することができます。

ところが、専門家の名前は知っていても、その業務内容までは把握していないというのが実情だと思います。専門家をうまく活用するポイントは、「どの専門家に聞けば解決できるか」を、おおよそでも把握しておくことです。

相談料は専門家によって違ってきますので、ウェブサイトの料金表や、事前に連絡をして確認してから相談するとよいでしょう。

□行政書士

行政書士は、役所に提出する書類を作成する専門家です。行政書士の仕事の範囲は非常に広く、「街の法律家」と呼ばれることもあります。

行政書士に依頼相談できることは、主に4つです。1つ目は、合同会社や株式会社、一般社団法人など、法人の設立手続きです。

2つ目は、外国人に関する相談です。主にビザや帰化申請などの入管手続きの相談ができます。社員に外国人が入る場合や、スタッフと

して採用する場合、よきアドバイザーになってくれるでしょう。

　3つ目は、いわゆる「許認可」といわれる部分です。建設業や宅地建物取引業などの一定の業種は、役所の許可を受けないと営業ができません。役所ではさまざまな許認可手続きがあり、基本的に許認可には書類の作成が必要になります。また許認可によっては最低資本金の規制があるので、そのアドバイスもいただけることでしょう。

　4つ目は、法律のトラブルに関する相談です。行政書士は相続や遺言、そのほか内容証明郵便の作成など、弁護士法に抵触しない範囲ではありますが、一般的な法律相談をする相手としても適しています。

　このようなことから、もしも誰に相談したらいいのかわからないという場合には、まず行政書士に相談してみるのもよいでしょう。ただし、業務範囲が広いので、行政書士によって得意な分野と苦手な分野があります。その点に注意して相談すれば、あなたの大きな助けとなってくれることでしょう。

❏ 税理士

　税理士は、税務に関するスペシャリストです。税金にかかわることなら、基本的にどんなことでも相談できます。税金に関することで疑問や問題が起きたら、早めに相談するようにしましょう。

　多くの会社経営者は、顧問税理士に経理などの税務を任せています。税理士とよく似ている仕事として、公認会計士という資格がありますが（詳しくは公認会計士を参照）、公認会計士の仕事は監査が中心ですので、この点が異なります。

　そのほか、税理士は経営者と通じていることから、経営の相談などにも乗ってくれる場合も多いようです。税金というのは毎月、毎年と長くかかわるものです。そのため、一番長く付き合うパートナーになる可能性が高い顧問税理士を探す場合は、信頼できる優秀な人を見つけましょう。

▶▶▶ 税理士の主な仕事

税理士ができる業務は、税務書類の作成、所得税、法人税の確定申告、相続税・贈与税の申告、その他税務署などに提出する書類の作成、申告・申請の代理や税務調査の立会いなどがあります。

❑ 社会保険労務士

社会保険労務士は、略して「社労士」とも呼ばれます。人事・労務管理全般から労働・社会保険全般に関するアドバイス、書類の作成手続きを行う専門家です。

会社を設立したあとに、労働基準監督署や公共職業安定所などで手続きが必要になる場合があります。その場合は、社会保険労務士に相談するとスムーズに手続きができます。そのほかの手続きは、保険関係、年金関係などで頼りになります。

また、労働法に精通した専門家でもあります。従業員と経営者とのいわゆる労使トラブルなどの際にも力を発揮してくれるでしょう。そのほか、就業規則や社内規定などの作成も社会保険労務士の仕事になりますし、補助金や助成金などにも通じているので、そういった仕事を専門としている社会保険労務士は、小さな会社にとって頼もしい限りです。

▶▶▶ 社会保険労務士の主な仕事

- 労働・社会保険等に関する事務手続きの代行、代理
- 新規適用届、資格取得・喪失届、月額変更・算定基礎届、賞与支払届
- 健康保険法に基づく傷病手当金、出産手当金、出産育児一時金、埋葬費関係諸届、公的年金受給に係わる裁定請求書
- 労働保険の年度更新、離職票、育児休業・介護休業関係諸届、高年齢雇用継続給付
- 労働者災害補償保険法に基づく業務災害・通勤災害にかかわる各種給付請求書

- 労働基準法、労働安全衛生法等に基づく各種届出など

❏司法書士

　司法書士の主な仕事は、法務局で行う登記の手続きです。それに関連して供託などの手続きもします。登記以外には、裁判所に提出する書類などを提出するのも、司法書士の主な仕事です。

　具体的には、土地や建物などの不動産を売買または相続する場合や、会社などの法人設立登記など、登記手続き一般は司法書士の仕事です。そのほか、訴状や答弁書など、裁判所に提出する書類の作成なども司法書士の仕事です。最近では、成年後見制度に基づく成年後見人に専門家として司法書士が家庭裁判所から選任される例も増えました。

▶▶▶司法書士の主な仕事
- 不動産登記手続き
- 商業登記手続き
- 債権譲渡、後見登記・供託・帰化などの法務局に関する手続き
- 簡易訴訟代理関係業務・裁判手続き業務
- 成年後見業務

❏弁護士

　いわずと知れた法律のスペシャリストです。会社に関するトラブルなど、相談から訴訟まで一切の法的なことを引き受けてくれます。民事的な法律トラブルだけでなく、考えたくはないですが、万一会社が刑事責任を追及されるような状況に陥ったときも頼りになる存在です。

　何かしら法的な問題が生じ、大きくなりそうであれば、早めに弁護士に相談すべきです。また、弁護士も一般的な民事事件以外にはそれぞれ専門を持っている場合がありますので、事前に確認を取るのもよいでしょう。

▶▶▶弁護士の主な仕事
- 法律相談全般
- 訴訟・調停などの裁判所事務
- 示談交渉事件、契約締結交渉などの業務
- 会社関係では、破産・会社整理・特別清算・会社更生などの申立事件、契約書及びこれに準ずる書類の作成など

❏弁理士

　弁理士は、商標、特許、実用新案権、意匠権など知的財産権の専門家です。会社をつくってビジネスを進め、経営規模を大きくしていくために、特許や商標を持つことは有利な条件となります。

　特許や商標を取得するというと、ライセンス収入などをイメージしがちですが、企業イメージアップやブランドアップに非常に効果的だといえます。また、競合他社に模倣されるのを防ぐためにも有効でしょう。実際に特許・商標を取得しようと思ったときに、頼もしいパートナーになるでしょう。

▶▶▶弁理士の主な仕事
- 工業所有権（特許権、実用新案権、意匠権、商標登録）の出願手続き
- 工業所有権に関する異議申し立てや裁定に関する手続き
- 以上に関する鑑定その他の業務

❏公認会計士

　公認会計士は、会計の専門家です。税理士とよく混同されがちですが、公認会計士の仕事は監査です。株式上場会社は、監査するのが義務なのでなじみがあるかもしれません。一方、小さな会社ではあまりなじみがないかもしれません。監査は会計情報が正しいかどうかなど、会計情報をチェックするのが仕事になります。

　公認会計士は、株式会社の会計参与になる資格がありますので、株

式会社の場合では会計参与を入れるなら公認会計士に頼ることになるでしょう。また、株式上場を目指す場合なども監査が必要なので、そういった場合には公認会計士のお世話になる可能性があるでしょう。

公認会計士と税理士のダブルライセンスで開業している方が多いのも特徴です。将来、株式会社に組織変更して上場を目指す場合には、税理士業務も行っている公認会計士にお願いするのもひとつの選択肢になるでしょう。

▶▶▶ 監査業務とは
監査業務とは、会社の決算などお金の流れが正確で正しく申告されているかなどをチェックするための業務です。監査を必要とするのは主に大企業になりますが、一般投資家や債権者、株主が財務諸表を見て、正確にその企業の信用度などを判断できるように監査業務を行います。

☐ コンサルタント型士業

士業の多くは、手続き代行業として事務所を開いています。しかしながら、昨今の士業事務所の価格競争の結果、コンサルティング業務をできるようにし、差別化する事務所が増えてきました。

多くは所長先生の実力の差、ということになりますが、士業事務所を単なる手続き代行事務所として見るのではなく、あなたの会社を伸ばす、あるいは問題解決をしてくれるコンサルタントとして見るものひとつのよい選択肢です。現在は高難度な業務を取り扱う士業も少しずつ増えており、多少高額な報酬を支払っても、その報酬以上の仕事をしてくれる士業も存在します。ぜひ、あなたの目でコンサルタント型の士業を探して、パートナーにすることも考えてみてください。

- ☑ 各専門家を有効活用することで会社は大きく伸びる
- ☑ コンサルティング業務までできる優秀な士業を探してみよう

67 業務執行社員について理解を深めよう

合同会社では、業務を執行する「業務執行社員」を決められますが、この「業務執行社員」がどんな責任と義務を負うことになるのかを理解しておきたいところです。

1 業務執行社員の義務と責任について

　合同会社は、出資と経営が一致しており、原則として社員全員が代表権を持って、社員全員が経営することになります。

　ただし、合同会社の運営はとても自由にできることになっており、その権限は社員に委ねられています。

　そこで代表社員を決めたり、業務執行社員を決めたりするわけですが、業務執行社員は株式会社の取締役のような義務と責任を負うことになります。業務執行社員は定款で定めることができます。業務執行社員は1名だけでなく複数名選ぶことができ、「定款自治」といわれるとおり、定款で自由に決めることができます。業務執行社員には、次のような義務と責任があります。

❏善管注意義務

　業務執行社員は、善良な管理者の注意を持って、その職務を行う義務を負います。「善管注意義務」とは、簡単にいえば、それぞれの職業または生活状況に応じて、社会通念上要求される程度の注意義務を負うことをいいます。

❏忠実義務

　法令や定款を遵守し、合同会社のために忠実に職務を行う義務があります。

❏ 報告義務

業務執行社員は、合同会社のほかの社員の請求があるときには、いつでもその職務の執行の報告をしなければなりません。

❏ 利益相反取引の制限

業務執行社員と合同会社との間の取引に関する制限があります。業務執行社員が合同会社と不正な取引をしないようにするためです。不正な取引とは、たとえば社員個人が販売している商品を合同会社に専属的に販売するなどの不正行為です。

直接的な取引や間接的な取引でも、合同会社にとって不利になる取引をするような場合は、ほかの社員の承認を得なければなりません。

❏ 競業の禁止

定款に定めがない限り、自分が業務執行社員になっている合同会社の事業と似たような事業を自分で起こしたり、同じ事業の別会社の取締役になる場合には、社員の承認を受けなければなりません。

❏ 損害賠償責任

業務を怠ったとき、あるいは職務に悪意や重過失があり、その結果第三者に損害を発生させた場合には、損害賠償責任を負うことになります。

なお、業務執行社員を決めた場合、業務執行社員以外に社員がいると、その社員は自動的に出資だけを行い、業務執行はできなくなります。しかし、何も権限がなくなるのではなく、会社の業務遂行を調査、監視する権限を持っているという点は覚えておいてください。

- ☑ 法律上どのような責任を負うのか、事前に確認しておこう
- ☑ 知らなかったでは済まないのが法律。丁寧に学んでおこう

68 意思決定と利益の分配方法

意思決定の方法が自由なのが合同会社の特徴です。株式会社のように機関設計をすることもなく、早いビジネス展開が見込めるのも、こうした特徴があるからだといわれています。では、具体的に合同会社ではどのように意思決定を行えばいいのでしょうか。

1 原則は過半数の同意

合同会社は、定款で定めなければ全員が会社の代表者となります。複数の出資者で合同会社を設立した場合には、原則として合同会社の運営に関する意思決定は、全出資者の過半数の同意によって行われます。

定款で業務執行社員を定めた場合には、業務執行社員の過半数の同意で意思決定することになります。そうはいっても、人数が多くて意見がまとまらず、過半数の同意を得られないことも考えられます。

そのときには、過半数ではなく多数決といった簡単な仕組みにすることも可能です。そのためには、そのような取り決めを定款に記載しておく必要があります。

また、これとは逆に、重要事項については過半数ではなく、「3分の2以上の賛成同意」などと決めることも可能です。

どちらにせよ、合同会社の意思決定はとても自由度が高いので、社員になったあなた自身がもっとも適した運営方法を考え、実践していく必要があります。

❏合同会社で利益を分配するには

合同会社の魅力のひとつとして、意思決定の早さ、つまり機関設計の簡単さがありますが、利益を自由に分けられるというのも合同会社の魅力です。ここでは、社員がどのように利益を分配するかについて解説します。

株式会社の場合、出資した株式に合わせて配当を受ける仕組みになっているので、出資額が大きいほどその見返りが大きくなるわけですが、合同会社の場合は違った選択をすることも可能です。

　合同会社の場合は、社員同士で自由に分配を決めることができます。ちなみに、合同会社でいう「利益」とは、通常の会社の利益と同じ意味で、ビジネスで得た売上げから、仕入れ代金、広告宣伝費などの経費を差し引いたものです。

　通常は1年間の事業年度が終了した段階で、利益の分配を行います。原則としては、会計帳簿に記載された社員の出資価額に応じて決まるわけですが、定款で定めれば、その比率にかかわらず自由な配当が可能なので、このときに話し合って決めることができます。

　また、定款で支払時期や支払方法なども定められるので、各社員の意見を尊重したうえで、配当方法を考えましょう。

2　もっとも早い意思決定をするために

　合同会社をつくる場合には、小規模のビジネスであることが多くなるでしょう。社員1名のみの合同会社も数多くあります。

　ところで、合同会社の社員は、株式会社でいえば取締役のように見えます。そのため、「役員」的な人材が何名か存在したほうが立派な会社に見えないこともありません。このような考えから社員を増やす人も存在します。

　しかし、安易な社員増加は意思決定を遅くします。見栄のために社員を増やして意思決定を遅くしたり、自分の意思が通らなかったりしては本末転倒です。特に、揉めごとは少ないに越したことはありません。会社としてどのような機関設計が最適なのかを考えたうえで構築していくことが大切です。

- ☑ 利益の分配は、原則として社員の過半数の同意で決まる
- ☑ 定款で定めておけば、さまざまな利益配分が可能になる

69 商号を変更する場合

会社名を変更したい場合、定款変更と登記事項の変更が必要になります。商号を変更する場合にどのような手続きが必要になるでしょうか。商号変更の手続きについて見ていきましょう。

1 会社名を変えることの影響

　会社名を変える手続きは難しくはありません。しかし、会社名はさまざまな媒体に掲載されています。ウェブサイト、名刺、看板、封筒……など。また、クライアントや地域社会に社名が認知されているという会社もあるでしょう。

　会社名を変えるということは、手続き費用だけではなく多大なコストがかかる可能性を含んでいます。会社名は会社の顔といっても過言ではないでしょう。設立する際は、慎重に会社名を決めましょう。

2 商号変更に必要な手続きと費用

　商号を変更するには定款変更が必要です。変更には社員全員の同意書が原則必要になりますが、定款の変更について定款内に別の定めがある場合は、その定めに従います。合同会社の定款変更の場合に必要な登録免許税は3万円です。登記申請の際に、変更後の定款を添付する必要はありません。社員全員の同意書の中に新商号と変更日を記載すれば十分です。しかし、変更後の定款を取引先や金融機関から求められることは少なくありません。会社保存用として定款を変更しておきましょう。

- ☑ 商号変更は慎重に。経営に大きな影響があることを知っておこう
- ☑ 法律面だけでなく、実務面でも大きな影響があることに注意

商号変更同意書

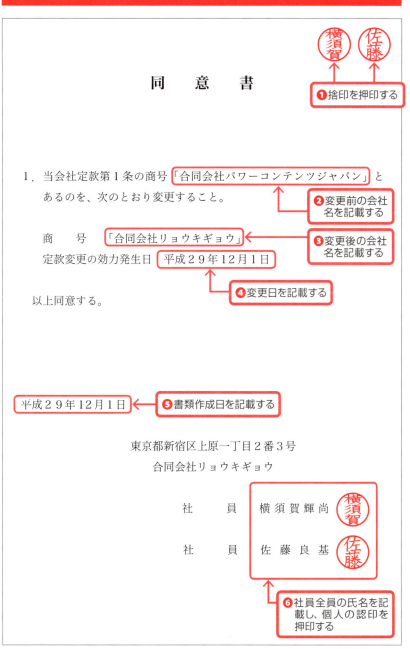

70 本店を移転する場合

会社の住所を移転した場合、登記事項の変更が必要になります。市区町村や都道府県も変更する場合は定款の変更も必要になります。法務局の管轄が変わらない場合と変わる場合で手続きが大きく異なります。本店移転手続きについて見ていきましょう。

1 同じ管轄内で移転する場合

同じ市区町村内での移転など、法務局の管轄が変わらない本店移転の手続きは定款の変更にならないことが多いため、必要書類も多くありません。同じ管轄でも市区町村が変わる場合は定款変更になるので注意が必要です。

定款内に別の定めがない限り社員全員の同意書が必要な点は商号変更と同じです。登録免許税は3万円です。

2 管轄外に移転する場合

法務局の管轄が変わる場合は必要書類も多くなります。登記申請書を旧法務局と新法務局の2種類を作成し、両方とも旧法務局に申請します。間違って新法務局に申請しないよう注意してください。必要書類として社員全員の同意書が必要な点は同様ですが、新法務局に提出する書類として印鑑届書が新たに必要になります。これは管轄が変わるため、印鑑登録をし直すためです。

社員全員の同意書の内容について、管轄内での移転と違い定款の条項が変更される点にも注意してください。代表社員個人の印鑑登録証明書を添付する必要はありませんが、忘れずに提出してください。

また、現在使用している印鑑カードも移転の登記が完了すると使用できなくなり、新法務局で再交付の手続きが必要になります。登記完了までの時間も通常の2倍ほどかかる場合がありますので、余裕をもって準備をしてください。

登録免許税は旧法務局に3万円、新法務局に3万円の合計6万円になります。費用もかさみますので、はじめにどこを本店所在地にするかは肝心です。何度も移転を繰り返すことのないように事業計画を立てられるとよいでしょう。

3　移転する日は「1日」を避けたほうが有利?

　本店移転する日をキリがよく「1日」にしたい方は多いと思います。しかし、特にこだわりがないのでしたら「1日」以外にすることをおすすめします。理由は法人住民税の均等割の計算方法にあります。計算は以下のとおりです。

均等割の年額　×　事業所を有していた月数／12

　計算式にある「事業所を有していた月数」は、「1カ月未満は切り捨て」になります。つまり「1日」に設立すると丸々1カ月あるので切り捨てされませんが、2日以降の設立だと1カ月未満なので切り捨てされます。

　法人住民税の均等割額が最低の年額7万円の場合、5,800〜5,900円の違いになります。会社を経営するうえでは大した金額ではないかもしれませんが、かからなくてもいい税金ならかからないほうがいいのが本音ではないでしょうか。

　なお、この「1日」については会社設立日にもあてはまります。少しでも税額を抑えたいのであれば1日以外の設立を検討したほうがよいでしょう。

☑ 本店移転は意外と費用がかかることを知っておこう
☑ 法務局だけでなく、税務署や各種の役所にも届出が必要になる

本店移転同意書（管轄内での移転）

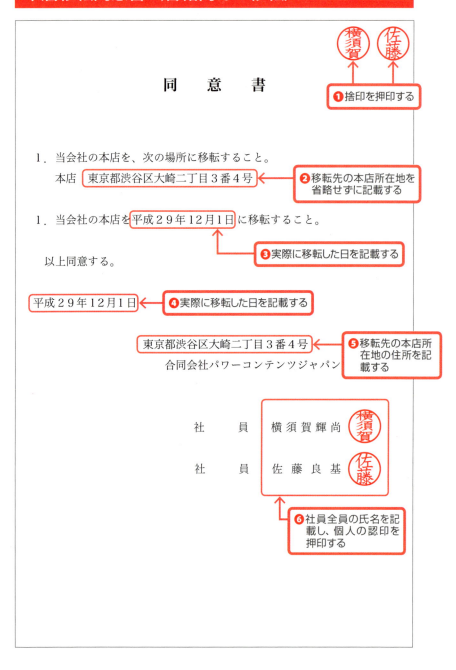

本店移転同意書（定款変更・管轄外への移転）

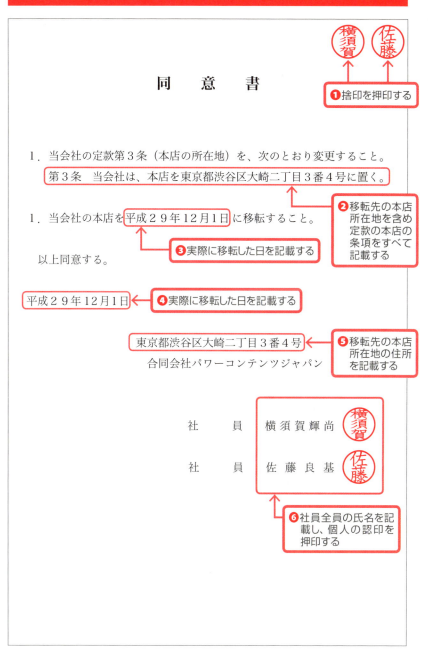

71 社員の変更をする場合

ひとりではじめた合同会社も軌道に乗れば新たに誰かを社員に入れたいということも出てくるでしょう。逆に、はじめに入れた社員と反りが合わなくなり、「辞めたい」といわれてしまうことも。ここでは社員の変更について見ていきましょう。

1 出資持分を譲渡して社員を追加したい

自分の出資持分を譲渡して、社員を加入させる場合です。この場合は、新たに出資してもらうわけではありませんので、会社の資本金は増えません。株式会社にたとえると、株式を譲渡して役員に入ってもらうといえばわかりやすいでしょうか。

譲渡は、無償の場合と有償の場合があります。譲渡する持分の評価と実際の金額に大きな差があると税務上不利な扱いになる可能性がありますので税理士に相談してから手続きを進めることをおすすめします。業務執行社員が持分を譲渡する場合は、ほかの社員全員の同意が必要になります。新たな社員が入ることになるわけですから、合同会社にとっては重要な決定になるためです。

2 新たに出資してもらい社員を追加したい

新たに出資してもらって社員に加入する方法もあります。合同会社の場合は株式会社と違って、社員になるためには出資が必要です。ですから、この場合は会社の資本金も増えることになり、資本金の額を増額する手続きも合わせて必要になります。設立時と違い合同会社がすでに存在しているので、代表社員ではなく合同会社名義の預金口座に資本金を入金します。

この場合は、社員全員の同意書のほかに、設立時同様、払込証明書が必要になりますので忘れないように準備してください。

3 社員を辞める手続きをしたい

　社員が辞める理由にはさまざまなものがあります。死亡や破産した場合、認知症などになってしまい、成年後見開始の審判が開始された場合などが該当します。社員が退社する事項は法律にも定められていますが、総社員の同意による退社が一般的には一番多い退社になるでしょう。株式会社と違い、合同会社の場合には出資と経営が一致しているため、退社する場合には出資していた持分をどうするかを決めなくてはいけません。

　合同会社に残る社員に持分の全部を譲渡する場合や、新たに加入する社員に持分の全部を譲渡する場合などは、資本金の総額に変更がないので、社員の変更登記手続きのみになります。しかし、退社する社員に出資してもらっていた持分を払い戻す場合には、資本金が減ってしまうため、資本金の額の減少手続きも同時に行う必要があります。原則としてこの場合には、「官報」による公告や、会社に債権者がいる場合は個別に通知催告をする必要があります。

　資本金が減るということは、会社の財布からお金が減るということですから、会社の財布に入っているお金をあてにしている債権者の同意が必要になるということです。

「官報」公告にも費用がかかりますし、債権者から万が一異議があった場合には、返済するなどの対応が求められます。できるだけ、会社から資本金が減らないようにすることが一番です。社員が辞めたいと伝えてきた場合もしくは社員を辞めさせたい場合には、慎重な対応が求められます。

- ☑ 日ごろから社員同士の人間関係にも気を配ろう
- ☑ 「社員＝経営者」という原則を忘れないようにしよう

社員の同意書（出資分の譲渡）

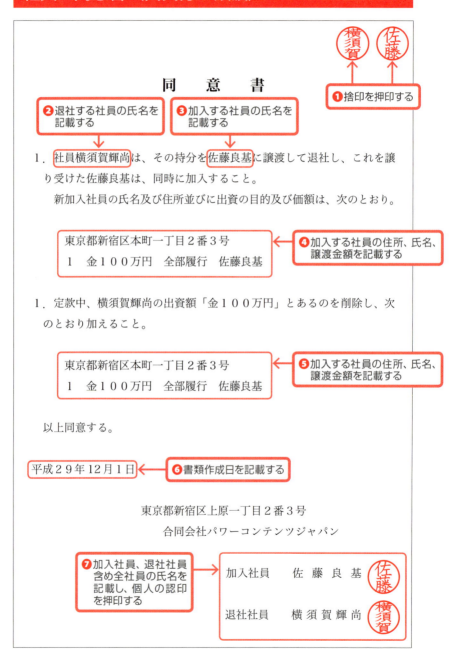

就任承諾書（出資の譲渡を受けた社員用）

就 任 承 諾 書

❶捨印を押印する

私は、平成29年12月1日、貴社の代表社員に選任されたので、その就任を承諾します。

❷譲渡日を記載する

平成29年12月1日 ❸譲渡日を記載する

東京都新宿区本町一丁目2番3号

代表社員　佐 藤 良 基

❹譲渡後の社員が1名の場合は自動的に代表社員になるので、加入社員の住所、氏名を記載する。また、個人の実印を押印する

合同会社パワーコンテンツジャパン　御中

72 合同会社から株式会社への定款変更手続き

合同会社を設立したあとでも、株式会社に変更することは可能です。手続きには費用と時間、手間もかかりますので、株式会社にするメリット・デメリットをよく把握したうえで準備を進めましょう。

1 株式会社への組織変更計画をつくろう

合同会社から株式会社に変更する場合、ほとんどの事項を決め直す必要が出てきます。商号や目的だけではなく、役員、発行可能株式総数、株式に譲渡制限の規定を設ける場合の機関など、株式会社特有の事項がたくさんあります。そのために組織変更計画書をつくる必要があります。組織変更計画書は実際に登記する際の添付書類にもなりますので間違いのないように準備を進めたいものです。

2 株式会社に変更したあとの定款案をつくろう

組織変更計画書と同時に準備に取り掛かりたいのが定款です。合同会社と株式会社とでは定款の内容がまったくといっていいほど違います。合同会社の場合はほとんどのことが社員間で自由に決められることが多いため、定款の条項も多くはありません。

しかし、株式会社の場合は会社法に細かく規定されていることが多いため、定款の条項の数も格段に増えます。株式会社用の定款ひな形を参考にしながら、一つひとつの条項について決めていきましょう。

なお、株式会社の設立の際に必要な公証役場の定款認証は、組織変更の場合は不要になります。

3 株式会社に変更するためには債権者保護手続きが必要になる

株式会社に変更する場合、債権者保護手続きが必要になります。この手続きは会社に債権者が存在しなくても必要な手続きになるため、

注意が必要です。債権者保護手続きは、原則として「官報」による公告と、知れたる債権者への個別の通知催告になります。公告方法を電子公告など「官報」以外の公告方法として登記している場合は、官報公告と登記している公告方法を行うことにより、個別の債権者への通知催告を省略することができます。

公告する期間は最低でも丸々1カ月を取る必要があります。債権者への個別催告についても、債権者に通知が到着してから丸々1カ月を取る必要があるため、組織変更の効力発生日までに間に合うよう十分に注意して進めるようにしてください。逆にいえば、強制的に取らなければいけないこの1カ月の過ごし方が、株式会社に変更するにあたり、必要な手続きを整理する時間としてうってつけの時間になります。合同会社から株式会社へ、いわばブランドが変わるわけですから、ウェブサイトや封筒などの印刷物のデザイン変更などの準備する時間にあててはいかがでしょうか。

株式会社への組織変更の流れ

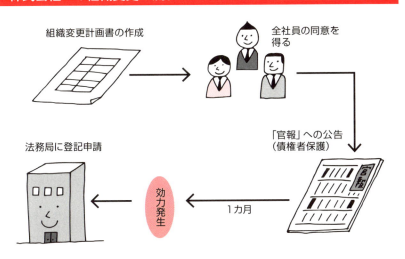

☑ 官報への公告と債権者への催告を忘れずにしよう
☑ 株式会社になるための準備期間を把握しよう

組織変更計画書

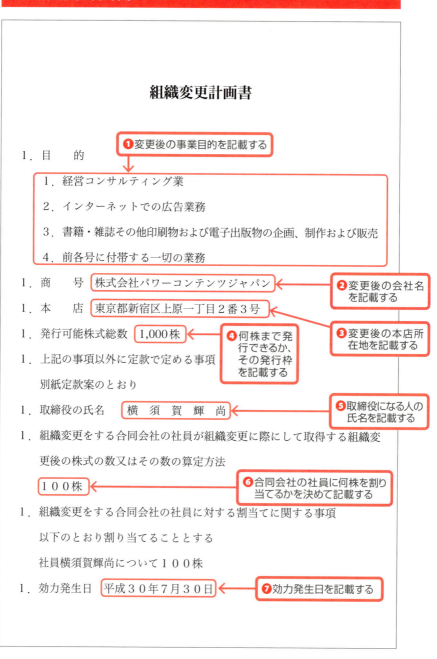

組織変更公告官報ひな形

組織変更公告

当社は、株式会社に組織変更することにいたしました。
効力発生日は平成三十年七月三十日であり、組織変更後の商号は株式会社パワーコンテンツジャパンとします。
この組織変更に異議のある債権者は、本公告掲載の翌日から一箇月以内にお申し出下さい。

平成三十年六月一日

東京都渋谷区上原一丁目二番三号
合同会社パワーコンテンツジャパン
代表社員　横須賀輝尚

❶ 効力発生日を記載する

❷ 組織変更後の株式会社名を記載する

73 合同会社を解散する場合

会社をつくって起業したのはいいけれど、誰しもが必ず上手くいくとは限りません。あまり考えたくはないものですが、最後は会社を畳むことになります。ここでは合同会社の解散の手続きについて見ていきましょう。

1 合同会社の解散の種類

　解散にもさまざまな種類があります。一般的な解散は総社員の同意による解散になりますが、定款でもともと会社の存続期間を定めている場合もあります。いわゆる期間限定で設立した合同会社の場合です。
　この場合は、その期間が到来することによって解散することになります。また当然ですが、社員が誰もいなくなった場合も解散になります。合同会社が破産したときも解散にあたることはいうまでもありません。いわゆるＭ＆Ａでどこかの会社に吸収合併される場合も解散になります。

2 解散の場合も、債権者保護手続きが必要になる

　解散の場合も、債権者保護手続きが必要になります。手続きの方法については資本金の減少や、組織変更の場合とほぼ同様になりますが、期間だけが違います。解散の場合は最終的に会社を閉める清算結了までの間に最低丸々２カ月の期間を置く必要があります。これは会社が存続することを前提にした資本金の減少や組織変更の手続きと違い、清算すると会社そのものがなくなってしまいますので、より一層債権者の保護を厚くするための規定だと推測されます。会社を畳みたいからといって、すぐには畳めないことを理解しておいてください。

3 清算手続き中は制限されることが多い

　解散の登記をすると清算中の会社になります。解散の登記と同時に

清算人の登記も行います。いわば、清算中の会社の代表者です。

　清算中の会社は前項の債権者保護手続きなど、清算に必要な範囲内でしか会社としての行為を行うことができません。当然、事業を行い、売上を立てるということはできなくなります。新たに社員を加入させることもできませんし、資本金の額を減少させるといった行為もできなくなります。清算に向けた行為しかできません。売上がまだ立っているのに慌てて解散の登記をしてしまわないように注意が必要です。

4　清算手続きがすべて終わったら清算結了の登記手続きへ

　債権者に対する返済や、社員に対する会社に残った財産の分配がすべて終わったら清算結了の登記へと進みます。清算結了をするためには財産の清算をするだけではなく、適切に清算手続きが行われたかどうかの社員の承認が必要になります。

　社員が承認しない限り、清算結了の手続きはできませんので、強引に清算の手続きを進めることは極力避けるべきでしょう。「すべて清算した」といえるためには、プラスの財産も、マイナスの負債もすべてゼロにする必要があります。

　会社名義で購入したものがあれば誰かに譲渡し、会社名義で借りた借金があればすべて返済する必要があります。万が一、清算がすべて行われていないにもかかわらず、「会社の登記がなくなればいいや」とウソの書類を法務局に提出して、清算結了の登記が完了し、登記簿が閉鎖されたとしても、実態として清算が完了していない以上、清算結了登記の効力は無効となります。

　逆に登記簿を復活させる手続きは、最悪の場合、刑事訴訟の対象にもなりますので、安易に手続きを進めることのないように気をつけてください。

- ☑ 解散する場合にも複雑な手続きが必要になる
- ☑ 解散する場合にも申告義務があることをおさえておこう

社員の同意書（解散用）

❶ 捨印を押印する

同　　意　　書

1．当会社は、平成２９年１２月１日 総社員の同意により解散する。

❷ 解散日を記載する

1．当会社の清算人に次の者を選任する。

東京都渋谷区大岡山二丁目３番４号
　　　清　算　人　　横　須　賀　輝　尚

❸ 就任する清算人の住所、氏名を記載する

以上同意する。

平成２９年１２月１日

❹ 解散日を記載する

東京都新宿区上原一丁目２番３号
合同会社パワーコンテンツジャパン

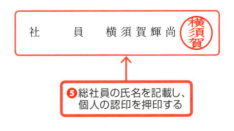

❺ 総社員の氏名を記載し、個人の認印を押印する

清算結了承認書

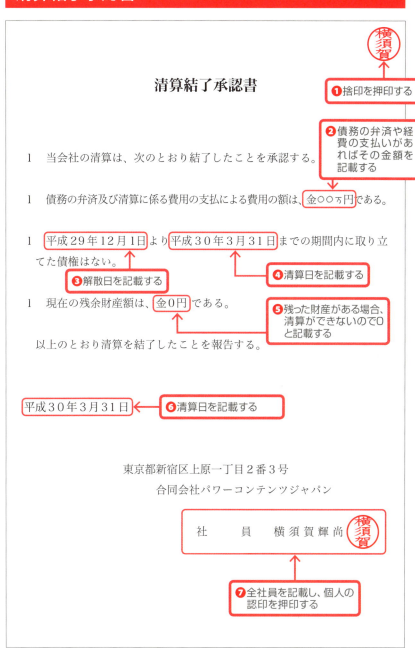

Column

専門家の賢い選び方

　合同会社はもちろん、会社をつくる際には、自分でつくる方法と専門家に依頼する方法の2つの方法が考えられます。本書は自分で合同会社をつくる方法を解説していますが、参考までに専門家に依頼する場合のポイントをお話しします。

　まずは専門家に頼むメリットですが、設立手続きでミスが出ないこと、時間の短縮になるということです。時間や労働力をお金で買うことの大切さは、起業を目指す人はすでにお気付きでしょう。

　また、人脈が増え、税理士・社会保険労務士などの士業については困ることがなくなると思います。身近に法律を聞ける人がいるというのもメリットかと思います。

　デメリットは、報酬がかかることくらいですが、長期的に考えれば、大きなデメリットではないと思います。

　具体的な専門家の選び方ですが、資格業は資格を取得して登録した時点からはじまりますので、50代の新人もいれば、30代のベテランもいます。ですので、年齢よりも実績で選ぶことが大切です。

　会社設立実務でいえば、これまで何社の立ち上げに携わったのかなどがポイントになります。

　合同会社などの会社設立を任せるなら、どこまで手続きをやってくれるか、さらにその後のフォローはきちんとしているか（相談の受付やそのほかの士業の紹介など）が重要です。会社は、つくることよりもつくったあとのほうが大事ですので、そのあたりもサービスに含まれている事務所がよいでしょう。また、できればビジネスについてアドバイスできる人のほうが、よりよいといえます。

付　録
合同会社のことを、さらに知るための質問集

Q 合同会社を休眠させることはできますか？

A 可能ですが、いくつかの注意点があります。

解説 管轄の税務署と市区町村に休業届（異動届出書に休業する旨を記載したもの）を提出することで会社を休眠させることが可能です。特に登記上の手続きは必要ありません。ただし、休業中でも法人は存続していますので、税務申告の義務はあります。休業中だからと税務申告を行わないでいると青色申告の承認が取り消されるおそれがありますので注意してください。また、地方法人税の均等割については自治体によっては減額や免除されることがありますので直接の管轄自治体に確認しておくことをおすすめします。

Q 合同会社を購入することはできますか？

A 可能ですが、注意が必要です。

解説 設立費用を節約するために既存の休眠状態になっている合同会社を購入し、今後は自分が経営したいという相談は多いです。その場合、会社名や本店住所、社員、出資の譲渡をすべて同時に変更手続きすることが実務上行われています。

しかし、注意が必要です。休眠状態になっている合同会社が買掛金や未払金、借り入れなど債務を負担していた場合、基本的にはすべてを引き継ぐことになります。会社を購入してからあとで気付いたとしても、以前の代表と連絡が取れなくなり結局は自分が負担せざるを得なくなったというケース

も少なくありません。合同会社の場合、設立費用は少額なので、変更手続きをする費用よりも安く済む可能性のほうが高いです。見えないリスクを負うよりも、新規に会社を設立して事業をはじめることをおすすめします。

Q 専門家に依頼するメリットは何ですか？

A 本業に専念できる時間を確保することができます。

解説 合同会社の設立を司法書士や行政書士等の専門家に依頼した場合、設立手続きに要する時間がかなり短縮されます。登記申請書の作成や添付書類の作成、法務局への登記申請はすべて専門家が行います。そのため、印鑑登録証明書の取得や専門家との打ち合わせに要する時間以外は本業に専念することができます。

また、専門家は電子定款で作成する環境が整っていますので、印紙税の4万円も節約することが可能です。当然、会社設立の専門家ですから、必要なアドバイスももらえますし、素人ならではのミスをすることもありません。会社をつくるということは売上を伸ばして、利益を出し続けなければいけません。現在はウェブサイトで費用を明確に打ち出している専門家がほとんどです。すでに本業が忙しく、平日に時間が取れないという状態でしたら専門家に依頼することを検討してはいかがでしょうか。

Q 資本金が1円でも会社をつくれると聞きましたが本当ですか？

A はい、本当です。ただし、信用面で不安が残ります。

解説 以前は、株式会社が1,000万円、有限会社が300万円という最低資本金規制がありましたが、現在は廃止され資本金が1円でも会社を設立することが可能になりました。このため、会社をつくる人が急増しましたが、だからといって1円でつくることはおすすめしません。その理由は、資本金が1円では会社をつくる費用が賄うことができず、会社が誕生した瞬間から赤字会社になってしまうからです。

赤字会社に対する金融機関の対応は実務上、かなり厳しいです。融資を受けることはもちろん、法人口座すら開設できないこともしばしば。口座がないと取引が難しくなるため、何のために会社をつくったのかわからなくなります。ですから、会社をつくるときの資本金は最低でも設立費用以上にすることをおすすめします。

Q いわゆる見せ金で会社をつくっても大丈夫ですか？

A 会社の信用にかかわることなので絶対にやめましょう。

解説 一時的に借りたお金を設立時の資本金として会社をつくり、つくったあとすぐに返済することを「見せ金」といいます。融資を受けたい場合、自己資金がないと融資を受けられないという事情があるため、このような見せ金をして会社を

つくるということがしばしば見受けられます。しかし、金融機関は見せ金を見破ります。その資本金の出どころまで調査をするからです。

また、あるはずのない資本金をあると見せかけたことで決算書が汚れてしまいます。将来にわたって、悪影響を及ぼす結果になるので、見せ金は絶対にやめましょう。

Q バーチャルオフィスを本店にしても大丈夫でしょうか？

A 登記は可能ですが、信用面で注意が必要です。

解説　実態のない住所のみのバーチャルオフィスでも本店所在地として登記することは可能です。法務局は登記された本店所在地について実態があるかどうかまでは調査しないからです。

しかし、登記できるからといって安心ということではありません。実は、バーチャルオフィスはその手軽さと費用の安さから、振り込め詐欺などの犯罪にかかわる法人が利用することが多いのです。つまり、信用面に欠けてしまうのです。金融機関も、法人口座を開設するときに本店所在地がバーチャルオフィスの場合は開設を断る、という方針の金融機関もあるくらいです。

とはいえ、やはり便利であることは否定できません。メリットとデメリットをしっかり把握したうえで、利用することをおすすめします。

Q 会社をつくるとき、資本金を振り込むために会社の口座をつくる必要がありますか？

A まだ会社が存在しないため、個人名義の口座を利用することになります。

解説　会社は登記をすることではじめて成立します。つまり、資本金を振り込む時点ではまだ会社はできていない状態です。会社の資本金なので会社の口座をつくって、ということになりそうですが、会社設立前の段階で金融機関が口座をつくることはありえません。資本金を振り込む際は便宜上、社員個人の口座を利用することになります。

　新たに資本金用の口座を開設する必要もありません。すでに使用している口座があればそちらでかまいません。会社設立後、会社名義の口座が開設された際には、振り込んだ個人口座から法人口座に移すことになります。

Q 印鑑登録証明書は古いものでも使うことはできますか？

A 発行後3カ月以内のものが必要になります。

解説　登記申請書の添付書類として代表社員の印鑑登録証明書が必要になりますが、登記申請日時点で発行後3カ月以内のものが必要になります。

　また3カ月以内のものであったとしても、その間に住所や印鑑に変更があった場合には、取り直す必要がありますので注意してください。

Q 未成年者でも会社をつくることは可能ですか？

A 親権者の同意があれば可能です。

解説 未成年者は民法により法律行為が制限されている立場です。しかし、親権者の同意を条件にそれが可能になります。会社をつくることに関しても、親権者の同意を得ることが条件にはなりますが可能です。登記申請書の添付書類にも、親権者の同意書が必要になりますので注意してください。ただし、未成年者の場合であっても、婚姻をしている場合には成年とみなす民法の規定がありますので、親権者の同意書は不要になります。結婚しているのに親権者の同意が必要となると、契約上さまざまな不都合が生じることが多いため、民法上このような規定が定められています。

Q ビジネスネームや旧姓で登記をすることは可能ですか？

A ビジネスネームは不可ですが、旧姓を併記することは可能です。

解説 ビジネスネームやペンネームなど戸籍上の氏名以外での登記は現在のところ認められていません。しかし、旧姓に関しては平成27年より、戸籍上の氏名と併記することを条件に認められるようになりました。

これは、婚姻が原因で姓の変更があった場合でも、それまで使用していた旧姓をビジネスで使用し続けることが商慣習上多いことが理由として挙げられます。

登記されている氏名（戸籍上の氏名）とビジネスで使用している氏名（旧姓）との整合性が取れないため、手続き上の不都合を解消するための措置と思われます。

Q 会社をつくったら必ず税理士に経理をお願いするべきですか？

A なるべく本業に集中したい方は依頼することをおすすめします。

解説　個人事業主の場合は、自分で経理や確定申告をする方も多いと思いますが、会社の税務申告となるとなかなか一筋縄ではいきません。自分で経理や税務を行うこともももちろん不可能ではありませんが、税務の専門的な知識や、何より時間を必要とします。起業家の仕事は本業で利益を出すこと、と考えるのであれば多少の費用がかかっても税理士に依頼することをおすすめします。

設立後は特に税務署への届出や役員報酬の決定など税務面で必要な手続きが多いです。ある程度、将来的な税理士費用も考慮して会社をつくるのがよいでしょう。

Q 自宅の住所がバレたくないのですが、何か方法はありますか?

A 現在の登記制度では最善の方法はありません。

解説　本店所在地を自宅住所にしない限りは、事務所やレンタルオフィス、バーチャルオフィスを借りることで自宅の住所を名刺やウェブサイトに記載することを避けることが可能となります。

しかし、代表社員に関しては氏名だけではなく住所も登記されます。印鑑登録証明書も添付する関係上、架空の住所を登記することは不可能です。取引の安全を保障する面が強い現在の登記制度では、住所をバレないようにする方法はない、というのが現状です。

とはいえ、個人情報の収集のために悪用されることも多く、プライバシーの保護が強く叫ばれる昨今において、代表者の住所の有無については賛否両論があります。

索引

ABC

CEO ……………………………… 80, 81
LLC ……………………………… 28, 33
OCR用申請用紙 ………………… 156

あ行

青色申告 ………………… 46, 181, 244
青色申告の承認申請書 … 46, 178, 181
一般財団法人 …………………… 69, 210
一般社団法人 ………… 25, 52, 68, 69, 214
印鑑カード ……… 26, 101, 162, 172, 173, 226
印鑑カード交付申請書 ………… 173
印鑑証明書交付申請書 ………… 173
印鑑登録証明書 ……………… 26, 100,
　101, 125, 146, 162, 172, 226, 245, 248, 251
印鑑届書 …………… 105, 162, 164, 226
印紙税 …………………… 24, 25, 128, 245
営利性 …………………………………… 92
オンライン申請 ………… 62, 156, 170
オンライン提出方式 …………… 156, 157

か行

開業準備費用 …………………………… 25
会計ソフト ……………………… 65, 212
会社法 …… 15, 34, 36, 48, 66, 82, 94, 106, 234
角印 …………………………………… 102
確定申告 …… 44, 64, 65, 96, 204, 213, 216, 250
課税事業者 ……………………………… 42
過半数の同意 ………………………… 222

株式会社 ……………………… 15, 30,
　48, 74, 98, 108, 134, 206, 214, 220, 234, 246
株主 ………
　… 20, 36, 37, 50, 66, 74, 76, 85, 87, 98, 219
株主総会 …………… 20, 21, 50, 66, 74
過料 ……………………………… 44, 53
官公署 …………………………………… 32
監査業務 …………………………… 219
監査役 ……………………………………… 50
官報 …………… 52, 75, 76, 79, 231, 235
完了予定日 …………………………… 168
議決権 ……………………………………… 66
休業届 ………………………………… 244
給与所得控除 ……………………………… 40
競業の禁止 ………………………… 221
行政書士 ……… 111, 128, 210, 214, 215, 245
業務執行社員 ………………………
　55, 84, 86, 87, 108, 110, 111, 220, 221, 222, 230
許認可 ……………… 26, 48, 106, 170, 215
銀行印 ………………………… 102, 206
具体性 ……………………………………… 92
均等割 ………………………… 23, 227, 244
組合員 ……………………… 23, 39, 70, 71
決算 …… 46, 52, 67, 82, 96, 97, 125, 182, 212, 219
決算期 ………………………… 97, 111, 212
決算公告 …………………………… 52, 53
減価償却資産 ………………………… 182
健康保険・厚生年金新規適用届 …… 179
減資 ……………………………… 74, 75, 76

項目	ページ
現物出資	99, 134, 135
公共職業安定所（ハローワーク）	178, 179, 196, 197, 216
公告	31, 52, 67, 75, 76, 79, 82, 231, 235
合資会社	38, 206
公証役場	15, 25, 53, 108, 124, 128, 234
構成員課税（パススルー課税）	19, 23, 70, 71
厚生年金	190, 191
公認会計士	182, 215, 218, 219
合名会社	20, 38, 206
雇用保険	196
雇用保険適用事業所設置届	179, 197
雇用保険被保険者資格取得届	179
コンサルタント型士業	219

さ行

項目	ページ
債権者保護手続き	234, 235, 238, 239
最小行政区画	94, 140
最低資本金制度	48
事業年度	96, 97, 223
事業目的	26, 61, 92, 93, 104, 106
司法書士	62, 111, 128, 214, 217, 245
資本金	23, 42, 76, 98, 130, 140, 207, 230, 231, 238, 246, 248
資本金決定書	140, 142, 146
資本金の額の計上に関する証明書	135
社員	20, 36, 74, 108, 130, 140, 181, 214, 223, 238
社会保険	43, 190, 191, 196, 216
社会保険労務士	190, 191, 210, 214, 216, 242
社長	15, 37, 39, 50, 79, 80, 81
収入印紙	24, 25, 128, 152, 169, 173
就任承諾書	142, 144, 146, 148
ジョイントベンチャー	70, 71
商業登記	104, 217
商号	37, 88, 89, 90, 91, 108, 110, 224, 234
商号変更	224, 226
上場企業	28, 36, 66, 96
消費税	42, 43, 97
消費税の免税事業者	97
職務執行者	86, 148
助成金	207, 209, 210, 216
所得税	16, 17, 41, 43, 71, 181, 216
所有と経営の分離	36
白色申告	46, 181
申請用総合ソフト	156
清算結了	238, 239
税務署	26, 46, 57, 64, 178, 180, 204, 212, 216, 244, 250
税理士	24, 58, 71, 96, 134, 182, 212, 218, 230, 242, 250
絶対的記載事項	110, 125
設立届	46, 57
設立費用	15, 24, 25, 44, 52, 53, 66, 244, 245, 246
善管注意義務	220
創業融資	79

索引

相対的記載事項 …………………………… 110
ソーシャルメディア ……………………… 203
組織変更 …… 28, 31, 38, 51, 219, 234, 235, 238
組織変更計画書 …………………………… 234
損害賠償責任 ……………………………… 221

た行

退社 ………………………………… 110, 231
代表社員 ……………………………… 15, 80,
　　100, 110, 130, 142, 146, 220, 226, 230, 248, 251
代表者印
　　24, 131, 138, 148, 152, 162, 169, 172, 173, 180
代表取締役 ……………………………… 80, 86
タックスアンサー ………………………… 213
棚卸資産 …………………………… 181, 182
忠実義務 …………………………………… 220
定額法 ……………………………………… 182
定款 …………………………… 15, 57, 106,
　　124, 164, 178, 188, 206, 220, 226, 234, 238
定率法 ……………………………………… 182
適法性 ……………………………………… 92
適用事業報告書 …………………… 179, 197
電子署名 …………………………… 128, 156
電子証明書 ………………………… 128, 156
電子定款 ……………………… 24, 128, 245
電磁的記録媒体による提出方式 ……… 156
登記印紙 …………………………………… 169
登記事項証明書交付申請書 …… 172, 173
登記情報提供サービス …………… 90, 170

登記申請書 ……………………… 57, 62,
　　102, 105, 124, 152, 156, 164, 168, 226, 245, 248
登記ねっと ……………………………… 170
登記簿謄本
　　……… 26, 34, 54, 57, 62, 93, 157, 169, 178
登録免許税
　　……… 24, 25, 31, 69, 95, 169, 224, 226, 227
特別徴収 ………………………… 55, 202, 204
特例有限会社 …………………………… 82
都道府県税事務所 ……… 178, 179, 181, 188
取締役 …… 36, 40, 66, 85, 86, 220, 221, 223
取締役会 ………………………… 21, 22, 50, 86

な行

任意的記載事項 ………………… 110, 111
任期 ……………………… 53, 67, 74, 82
年金事務所 …………………… 178, 179, 190

は行

バーチャルオフィス ……… 95, 207, 247, 251
罰則 ……………………………………… 53, 67
非営利 …………………………………… 68, 69
副業 ……………… 48, 54, 55, 190, 202, 204
副業禁止規定 …………………………… 55, 202
不正競争防止法 ………………………… 89, 90
普通徴収 ………………………………… 55, 204
不動産登記 …………………………… 104, 217
払込証明書 …………………… 130, 131, 138, 230
弁護士 ……………………… 71, 214, 217, 218

254

弁理士 ……………………………………… 214, 218
法人格 ……… 19, 33, 38, 39, 51, 60, 68, 69, 71, 81
法人口座 ……… 31, 102, 206, 207, 246, 247, 248
法人住民税 ………………………………… 41, 45, 227
法人税 …………………………………………………
　16, 41, 43, 46, 69, 70, 72, 180, 181, 212, 216
法人設立届 ………………… 178, 179, 180, 206
法務局 ………………………………… 15, 57, 108,
　124, 152, 168, 172, 217, 226, 239, 245, 247
保険関係成立届 …………………………… 179, 197
補助金 …………………………………… 209, 210, 216
補正 ………… 125, 131, 140, 152, 157, 169, 172
本店移転 …………………………………………… 226, 227
本店所在地 ……………………………………… 90, 94,
　104, 108, 110, 140, 142, 178, 207, 227, 247, 251

ま行

マイナンバー制度 ……………………………… 55, 72
見せ金 ………………………………… 138, 246, 247
無限責任 ……………………………………………… 38, 39
無限責任社員 ……………………………………………… 38
明確性 ……………………………………………………… 92
免税事業者 ……………………………………………… 42, 97

や行

役員報酬 ………………………………… 40, 190, 250
有限会社 ………… 34, 37, 48, 78, 82, 206, 246
有限責任 ………………………… 21, 22, 38, 39, 70, 110

有限責任事業組合（LLP） ……………………………
　……………………………………… 19, 23, 25, 39, 70, 71

ら行

利益相反取引 ……………………………………… 221
利益配分 …………………………………………………… 87
領収書 ………………………………… 25, 138, 191, 213
類似商号 ………………………………… 90, 91, 104, 170
累進課税 …………………………………………… 16, 41
レンタルオフィス ………………………………… 95, 251
労災保険 ………………………………………………… 196
労働基準監督署 ……… 178, 179, 196, 197, 216

著者紹介

横須賀 輝尚(よこすか・てるひさ)

パワーコンテンツジャパン株式会社代表取締役。WORKtheMAGICON行政書士法人代表。特定行政書士。大学在学中に行政書士資格に合格。2003年、23歳で行政書士事務所を開設し、独立。2005年、労働集約型の士業の仕事(法定業務)からの脱却を目指し、士業の新しいビジネスモデル「資格起業家」を考案、年収1,000万円超を実現する。
2007年に士業向けの経営スクール『経営天才塾』をスタートさせ、創設以来、全国のべ1,700人以上が参加。現在、菰田泰隆弁護士とともに高難度業務研究会on弁護士顧問契約「LEGALMAGIC」を主宰する。著書に『士業を極める技術』(JMAM)など多数。

高難度業務研究会 http://legalmagic.jp/
パワーコンテンツジャパン株式会社 http://pcjapan.co.jp/

佐藤 良基(さとう・りょうき)

司法書士事務所登記のミカタ代表。リョウキギョウ株式会社代表取締役。
1981年、宮城県栗原市生まれ。同志社大学経済学部卒業。2010年、独立開業。
会社設立登記、定款変更等の法人向け登記サービスに特化。現在までに設立した会社数は450社を超え、東証一部上場企業の登記なども手がける。"良い起業が良い企業をつくる"という使命のもとリョウキギョウ株式会社を設立。自らも会社経営者として「起業家のインフラ」になることを目標とし、お客様の法人化をサポートする。過去には持ち前のリサーチ力とプレゼン力を活かし「パネルクイズ アタック25」に出場し、優勝。司法書士の枠にとらわれない活動を展開している。

司法書士事務所登記のミカタ http://legal-navi.com/

合同会社(LLC)設立&運営 完全ガイド
はじめてでも最短距離で登記・変更ができる!

2018年 2月 8日 初版 第1刷発行
2024年 4月30日 初版 第5刷発行

著 者	横須賀 輝尚 佐藤 良基	
発行者	片岡 巌	
発行所	株式会社技術評論社	
	東京都新宿区市谷左内町21-13	
	電話 03-3513-6150 販売促進部	
	03-3513-6185 書籍編集部	
印刷/製本	日経印刷株式会社	

カバーデザイン ■木内 豊
本文デザイン+レイアウト ■矢野のり子+島津デザイン事務所
イラストレーション ■中山成子

定価はカバーに表示してあります。

本書の一部または全部を著作権法の定める範囲を超え、無断で複写、複製、転載、テープ化、ファイルに落とすことを禁じます。

©2018 POWER CONTENTS JAPAN, Ryoki Sato

造本には細心の注意を払っておりますが、万一、乱丁(ページの乱れ)や落丁(ページの抜け)がございましたら、小社販売促進部までお送りください。送料小社負担にてお取り替えいたします。

ISBN978-4-7741-9538-4 C2034
Printed in Japan

本書の運用は、ご自身の判断でなさるようお願いいたします。本書の情報に基づいて被ったいかなる損害についても、著者および技術評論社は一切の責任を負いません。

本書の内容に関するご質問は封書もしくはFAXでお願いいたします。弊社のウェブサイト上にも質問用のフォームを用意しております。
本書の内容を超えるご質問や、個別の事業コンサルティングに類するご質問にはお答えすることができません。あらかじめご了承ください。

〒162-0846
東京都新宿区市谷左内町21-13
(株)技術評論社　書籍編集部

『合同会社(LLC)
　設立&運営 完全ガイド』質問係
FAX…03-3513-6181
Web…http://gihyo.jp/book/2018/978-4-7741-9538-4